Estruturas
sintáticas

Coleção de Linguística
Coordenadores
Gabriel de Ávila Othero – Universidade Federal do Rio
 Grande do Sul (UFRGS)
Sérgio de Moura Menuzzi – Universidade Federal do Rio
 Grande do Sul (UFRGS)

Conselho consultivo
Alina Villalva – Universidade de Lisboa
Carlos Alberto Faraco – Universidade Federal do Paraná (UFPR)
Dante Lucchesi – Universidade Federal Fluminense (UFF)
Leonel Figueiredo de Alencar – Universidade Federal do Ceará (UFC)
Letícia M. Sicuro Correa – Pontifícia Universidade Católica do Rio de Janeiro (PUC-Rio)
Luciani Ester Tenani – Universidade Estadual de São Paulo (Unesp)
Maria Cristina Figueiredo Silva – Universidade Federal do Paraná (UFPR)
Roberta Pires de Oliveira – Universidade Federal de Santa Catarina (UFSC)
Roberto Gomes Camacho – Universidade Estadual de São Paulo (Unesp)
Valdir Flores – Universidade Federal do Rio Grande do Sul (UFRGS)

Dados Internacionais de Catalogação na Publicação (CIP)
(Câmara Brasileira do Livro, SP, Brasil)

Chomsky, Noam
   Estruturas sintáticas / Noam Chomsky ; tradução e comentários de
Gabriel de Ávila Othero e Sérgio de Moura Menuzzi. 2ª edição revista – Petrópolis,
RJ : Vozes, 2023. – (Coleção de Linguística)

   Título original: Syntactic structures
   Bibliografia
   ISBN 978-85-326-4859-4

   1. Gramática comparada e geral – Sintaxe 2. Gramática gerativa
I. Othero, Gabriel de Ávila. II. Menuzzi, Sérgio de Moura. III. Título. IV. Série.

14-08444   CDD-415

Índices para catálogo sistemático:
1. Gramática : Linguística   415

NOAM CHOMSKY

Estruturas sintáticas

Tradução e comentários de
Gabriel de Ávila Othero e Sérgio de Moura Menuzzi

Petrópolis

© 1957, 2002 Walter de Gruyter GmbH Berlin Boston.

Tradução realizada a partir do original em inglês intitulado *Syntactic Structures*

Direitos de publicação em língua portuguesa – Brasil:
2015, Editora Vozes Ltda.
Rua Frei Luís, 100
25689-900 Petrópolis, RJ
www.vozes.com.br
Brasil

Todos os direitos reservados. Nenhuma parte desta obra poderá ser reproduzida ou transmitida por qualquer forma e/ou quaisquer meios (eletrônico ou mecânico, incluindo fotocópia e gravação) ou arquivada em qualquer sistema ou banco de dados sem permissão escrita da editora.

CONSELHO EDITORIAL

Diretor
Volney J. Berkenbrock

Editores
Aline dos Santos Carneiro
Edrian Josué Pasini
Marilac Loraine Oleniki
Welder Lancieri Marchini

Conselheiros
Elói Dionísio Piva
Francisco Morás
Gilberto Gonçalves Garcia
Ludovico Garmus
Teobaldo Heidemann

Secretário executivo
Leonardo A.R.T. dos Santos

Editoração: Maria da Conceição B. de Sousa
Diagramação: Raquel Nascimento
Capa: WM design
Revisão: Khristofer Pereira de Castro | Jaqueline Moreira

ISBN 978-85-326-4859-4 (Brasil)
ISBN 3-11-017279-8 (Alemanha)

Este livro foi composto e impresso pela Editora Vozes Ltda.

Apresentação
da coleção

Esta publicação é parte da **Coleção de Linguística** da Vozes, retomada pela editora em 2014, num esforço de dar continuidade à coleção coordenada, até a década de 1980, pelas professoras Yonne Leite, Miriam Lemle e Marta Coelho. Naquele período, a coleção teve um papel importante no estabelecimento definitivo da Linguística como área de pesquisa regular no Brasil e como disciplina fundamental da formação universitária em áreas como as Letras, a Filosofia, a Psicologia e a Antropologia. Para isso, a coleção não se limitou à publicação de autores fundamentais para o desenvolvimento da Linguística, como Chomsky, Langacker e Halliday, ou de linguistas brasileiros já então reconhecidos, como Mattoso Câmara; buscou também veicular obras de estudiosos brasileiros que então surgiam como lideranças intelectuais e que, depois, se tornaram referências para disciplina no Brasil – como Anthony Naro, Eunice Pontes e Mário Perini. Dessa forma, a **Coleção de Linguística** da Vozes participou ativamente da história da Linguística brasileira, tendo ajudado a formar as gerações de linguistas que ampliaram a disciplina nos anos de 1980 e 1990 – alguns dos quais ainda hoje atuam intensamente na vida acadêmica nacional.

Com a retomada da **Coleção de Linguística** pela Vozes, a editora quer voltar a participar das novas etapas de desenvolvimento da disciplina no Brasil. Agora, trata-se de oferecer um veículo de disseminação da informação e do debate em um novo ambiente: a Linguística é hoje uma disciplina estabelecida nas universidades brasileiras; é também um dos setores de pós-graduação que mais crescem no Brasil; finalmente, o próprio quadro geral das universidades e da pesquisa brasileira atingiu uma dimensão muito superior à que se testemunhava nos anos de 1970 a 1990. Dentro desse quadro, a **Coleção de Linguística** da Vozes se propõe a novos objetivos. Em primeiro lugar, é preciso oferecer aos cursos de graduação em Letras, Filosofia, Psicologia e áreas afins material renovador, que permita aos alunos integrarem-se ao atual patamar de conhecimento da área de Linguística. Em segundo lugar, é preciso continuar com a tarefa de colocar à disposição do público de língua portuguesa obras decisivas do desenvolvimento, passado e recente, da Linguística.

Em suma, com esta **Coleção de Linguística**, esperamos publicar títulos relevantes, cuja qualidade venha a contribuir não apenas para a formação de novas gerações de linguistas brasileiros, mas também para o progresso geral dos estudos das Humanidades neste início de século XXI.

Gabriel de Ávila Othero
Sérgio de Moura Menuzzi
Organizadores

Mensagem dos tradutores

Ainda hoje, passados 65 anos desde sua publicação original em 1957, *Estruturas sintáticas* continua atual, em diversos sentidos. Infelizmente, até o lançamento desta edição, originalmente em 2015, ainda era uma obra inédita no mercado editorial brasileiro. Agora, apresentamos esta edição traduzida e adaptada ao português brasileiro a partir da boa edição de 2002 do original *Syntactic Structures*, publicada pela Walter de Gruyter, mas também tendo como referência a tradução portuguesa *Estruturas sintácticas*, publicada pela Edições 70 em 1980.

Ao contrário de sua prima portuguesa, esta pretende ser uma edição comentada à obra de Chomsky. O leitor perceberá que a tradução é acompanhada por comentários a trechos e exemplos originais de Chomsky. A proposta é contextualizar a obra – de fundamental importância histórica no desenvolvimento do programa gerativista – ao leitor "moderno" de Chomsky. Os comentários dos tradutores são sinalizados por números entre colchetes no texto (isto é, [1], [2] etc.) e aparecem em capítulo próprio ao final do livro (ver "Comentários ao texto de Chomsky", no sumário).

Avram Noam Chomsky nasceu na Filadélfia no dia 7 de dezembro de 1928. Foi, até recentemente, professor de Linguística no Instituto de Tecnologia de Massachusetts (MIT), nos Estados Unidos. Ele foi o responsável por uma revolução teórica e metodológica na Linguística nos anos de 1950 e 1960. Sua influência se estende também a outros domínios, como as

Ciências Cognitivas, a Psicologia, a Informática e a Filosofia, além de sua atuação como ativista político também ter repercussões entre estudiosos das Ciências Sociais e Políticas.

Chomsky foi considerado, em 2005, o intelectual de maior influência do mundo, de acordo com uma pesquisa realizada pela revista britânica *Prospect* – pesquisa em que Umberto Eco e Richard Dawkings ocuparam a segunda e terceira posição, respectivamente. Seus trabalhos estão entre os dez mais citados na história da ciência. De acordo com uma pesquisa do *Institute for Scientific Information* (KESTERTON, M. "Social studies". *The Globe and Mail*, 11/02/1993), Chomsky está atrás apenas de Marx, Lenin, Shakespeare, Aristóteles, a Bíblia, Platão e Freud. Entre 1980 e 1992, Noam Chomsky foi o intelectual vivo mais citado em trabalhos acadêmicos, de acordo com o *Arts and Humanities Citation Index*.

Estruturas sintáticas apresenta uma síntese dos resultados obtidos por Chomsky durante seu doutoramento na Universidade da Pensilvânia, sob a orientação do eminente linguista Zellig Harris. A tese de doutorado de Chomsky (*The Logical Structure of Linguistic Theory*, 1955) acabou sendo publicada integralmente apenas vinte anos depois, em 1975. É nessas duas obras, *Estruturas sintáticas* e *The Logical Structure of Linguistic Theory*, que Chomsky lança as bases do que se tornou o programa de investigação linguística que mais influenciou a Linguística no século XX, o programa gerativista.

Por isso, esta obra de Chomsky dirige-se a um público-alvo abrangente, que inclui acadêmicos de Letras, de Linguística, de Filosofia, de Psicologia, de Matemática, de Ciências da Computação e Informática. Esperamos que esta edição traduzida e comentada possa se tornar uma boa maneira de um leitor do século XXI passar a conhecer algumas das ideias que guiaram Noam Chomsky e seu programa gerativista no estudo da faculdade da linguagem, iniciado há mais de 60 anos.

Sumário

Prefácio, 11

1 Introdução, 15

2 A independência da gramática, 17

3 Uma teoria linguística elementar, 23

4 Estrutura sintagmática, 33

5 Limitações da descrição de estrutura sintagmática, 43

6 Sobre os objetivos da teoria linguística, 63

7 Algumas transformações em inglês, 77

8 O poder explicativo da teoria linguística, 111

9 Sintaxe e semântica, 121

10 Resumo, 137

11 Apêndice I – Notações e terminologia, 141

12 Apêndice II – Exemplos de regras de estrutura sintagmática e transformacionais em inglês, 145

Comentários ao texto de Chomsky, 151

Referências dos comentários, 181

Referências, 183

Prefácio

Este estudo trata da estrutura sintática tanto em sentido lato (oposto à semântica) como em sentido estrito (oposto à fonologia e à morfologia). Ele faz parte de uma tentativa de construção de uma teoria geral, formalizada, da estrutura linguística, e de exploração dos fundamentos desta teoria. A procura de uma formulação rigorosa em Linguística tem uma motivação muito mais séria do que a mera preocupação com sutilezas lógicas ou com o desejo de purificar métodos fortemente enraizados de análise linguística. Modelos de estrutura linguística construídos de maneira precisa podem desempenhar um papel importante, tanto negativo como positivo, no próprio processo de descoberta. Chegar a uma conclusão inaceitável através de uma formulação precisa, mas inadequada, frequentemente faz com que seja possível detectar a causa exata dessa inadequação e, por conseguinte, permite chegar a uma compreensão mais profunda dos dados linguísticos. De maneira mais positiva, uma teoria formalizada pode, automaticamente, fornecer soluções para muitos problemas além daqueles para os quais a teoria foi explicitamente elaborada. Noções obscuras e intuitivas não podem conduzir a conclusões absurdas, nem podem fornecer resultados novos e corretos e, por isso, falham em dois aspectos importantes. Acredito que alguns dos linguistas que duvidaram do valor do desenvolvimento preciso e técnico da teoria linguística podem ter falhado em reconhecer o potencial produtivo de um método que consiste em formular, rigorosamente, uma determinada teoria, aplicando-a estritamente a material linguístico sem tentar evitar certas conclusões inaceitáveis por meio de ajustes *ad hoc* ou de uma formulação vaga e imprecisa. Os resultados aqui apresentados foram obtidos a partir de uma tentativa consciente de seguir sistematicamente esse caminho. Já que esse fato pode ser obscurecido pela informalidade da apresentação, é importante enfatizá-lo aqui.

Especificamente, investigaremos três modelos para a estrutura linguística e procuraremos determinar suas limitações. Descobriremos que um determinado modelo teórico de linguagem, muito simples, baseado na teoria da comunicação, bem como um modelo mais poderoso, que incorpora grande parte do que hoje é conhecido como "análise de constituintes imediatos", não podem servir adequadamente aos objetivos da descrição gramatical. A investigação e a aplicação desses modelos trazem à luz certos fatos sobre estrutura linguística e expõem diversas lacunas na teoria linguística – em particular, a impossibilidade de dar conta de certas relações entre sentenças, como a relação ativa/passiva. Desenvolveremos um terceiro modelo, *transformacional*, para a estrutura linguística, que é mais poderoso do que o modelo de constituintes imediatos em certos aspectos importantes, e que dá conta de tais relações de maneira natural. Quando formulamos a teoria das transformações de maneira cuidadosa e a aplicamos livremente ao inglês, vemos que ela lança uma luz sobre uma grande variedade de fenômenos, indo além daqueles fenômenos para os quais ela foi especificamente concebida. Em suma, a formalização pode efetivamente desempenhar ambos os papéis, o positivo e o negativo, mencionados anteriormente.

Durante todo o processo desta pesquisa, beneficiei-me das longas e frequentes discussões com Zellig S. Harris. Muitas das ideias e sugestões dele estão incorporadas tanto no texto que segue como na investigação que o precedeu, de forma que eu não tentarei assinalá-las com referências especiais. O trabalho de Harris sobre a estrutura transformacional, que adota um ponto de vista um pouco diferente da pesquisa que elaboro aqui, é desenvolvido nos itens 15, 16 e 19 das referências bibliográficas. Talvez de forma menos evidente, o rumo desta pesquisa foi fortemente influenciado pelos trabalhos de Nelson Goodman e W.V. Quine. Eu discuti muito deste material com Morris Halle e me beneficiei muito de seus comentários e sugestões. Eric Lenneberg, Israel Scheffer e Yehoshua Bar-Hillel leram versões anteriores deste texto e fizeram valiosas críticas e comentários ao modo de apresentação e ao conteúdo.

O trabalho sobre a teoria das transformações e a estrutura transformacional do inglês que – embora somente esboçado de modo breve no que segue – serve de base para grande parte da discussão no presente livro foi desenvolvido, em grande parte, entre 1951 e 1955, enquanto eu era um *Junior Fellow* da *Society of Fellows* na Universidade de Harvard. Eu gostaria de expressar a minha gratidão à *Society of Fellows* por ter me concedido a liberdade para levar a cabo esta pesquisa.

Este trabalho foi subsidiado em parte pelo Exército dos Estados Unidos (*Signal Corps*), pela Força Aérea Americana (*Office of Scientific Research, Air Research and Development Command*) e pela Marinha (*Office of Naval Research*); e em parte pela *National Science Foundation* e pela *Eastman Kodak Corporation*.

Noam Chomsky
Massachusetts Institute of Technology
Department of Modern Languages and
Research Laboratory of Electronics
Cambridge, Massachusetts, 1º de agosto de 1956.

Capítulo 1

Introdução

A sintaxe é o estudo dos princípios e dos processos por meio dos quais as sentenças são construídas em línguas particulares. O estudo sintático de uma determinada língua tem como objetivo a construção de uma gramática que pode ser encarada como algum tipo de mecanismo de produção das sentenças da língua sob análise. De maneira mais geral, os linguistas devem se dedicar à tarefa de determinar quais as propriedades básicas fundamentais de gramáticas adequadas. O resultado final dessas investigações deveria ser uma teoria da estrutura linguística em que os recursos descritivos utilizados em gramáticas particulares são apresentados e estudados abstratamente, sem que se faça referência específica a línguas particulares. Uma função desta teoria é fornecer um método geral para selecionar uma gramática para cada língua, dado um *corpus* de sentenças da língua [1].

A noção central em teoria linguística é a de "nível linguístico". Um nível linguístico – como a fonologia, a morfologia ou a estrutura frasal – é essencialmente um conjunto de recursos descritivos que estão disponíveis para a construção de gramáticas; um nível linguístico fornece um certo método para a representação de enunciados. Podemos determinar a adequação de uma teoria linguística desenvolvendo rigorosa e precisamente a forma de gramática [2] correspondente ao conjunto de níveis abarcados por esta teoria, e investigando, então, a possibilidade de construir para línguas naturais gramáticas simples e reveladoras que tenham tal forma. Estudaremos diversas concepções diferentes de estrutura linguística desta maneira, considerando uma sucessão de níveis linguísticos de complexidade crescente, que correspondem a modos de descrição gramatical cada vez mais poderosos; e tentaremos mostrar que a teoria linguística deve conter pelo menos estes níveis de análise se ela pretende fornecer uma gramática satisfatória – em particular, do inglês. Finalmente, iremos sugerir que esta investigação puramente formal da estrutura da língua tem algumas implicações interessantes para os estudos semânticos[1].

---

1. A motivação para a orientação particular da pesquisa aqui reportada é discutida adiante, no capítulo 6.

Capítulo 2

A independência da gramática

2.1 A partir de agora, considerarei que uma *língua* é um conjunto (finito ou infinito) de sentenças, cada sentença sendo finita em extensão e construída a partir de um conjunto finito de elementos. Todas as línguas naturais, em sua forma oral ou escrita, são línguas nesse sentido, já que cada língua natural possui um número finito de fonemas (ou de letras em seu alfabeto), e cada sentença pode ser representada como uma sequência finita desses fonemas (ou letras), ainda que exista um número infinito de sentenças. De modo similar, o conjunto de "sentenças" de alguns sistemas formalizados da matemática pode ser considerado uma língua. O objetivo fundamental na análise linguística de uma língua L é separar as sequências *gramaticais* que são as sentenças de L das sequências *agramaticais* que não são sentenças de L, e estudar a estrutura das sequências gramaticais. A gramática de L será, portanto, um mecanismo que gera todas as sequências gramaticais de L e nenhuma das sequências agramaticais. Uma maneira de testar a adequação de uma gramática proposta para L é determinar se as sequências que ela gera são realmente gramaticais ou não, isto é, aceitáveis a um falante nativo etc. Poderíamos dar alguns passos na direção de fornecer um critério comportamental para a gramaticalidade, de tal forma que esse teste possa ser aplicado. Para os propósitos da presente discussão, contudo, podemos partir do pressuposto de que temos um conhecimento intuitivo das sentenças gramaticais do inglês, perguntando-nos que tipo de gramática será capaz de realizar a tarefa de produzir tais sentenças gramaticais de maneira eficiente e reveladora. Estamos, então, diante de uma tarefa familiar: a de explicar um conceito intuitivo – nesse caso, o conceito de "gramatical em inglês" e, de forma mais geral, o conceito de "gramatical".

Repare que, a fim de estabelecer de modo claro os objetivos da descrição gramatical, é suficiente que suponhamos um conhecimento parcial do que são sentenças e do que são não sentenças. Ou seja, podemos admitir, para os fins desta discussão, que certas sequências de fonemas são, definitivamente, sentenças enquanto outras definitivamente não o são. Em muitos casos intermediários, devemos estar preparados para deixar a decisão à própria gramática, quando ela está construída da forma mais simples, de modo a incluir os casos claros de sentenças e de modo a excluir os casos claros de não sentenças. Essa é uma característica familiar de qualquer explicação[1]. Certo número de casos claros fornecerá, então, um critério de adequação para qualquer gramática particular. Para uma única língua, tomada isoladamente, esse critério fornece somente um teste de adequação fraco, uma vez que diversas gramáticas diferentes poderiam tratar dos casos claros de maneira eficaz. Contudo, o critério pode ser generalizado, tornando-se uma condição muito forte, se exigirmos que os casos claros sejam tratados de maneira eficaz, para *cada* língua, por gramáticas que sejam todas construídas pelo mesmo método. Ou seja, por esse critério, cada gramática deve ser relacionada ao *corpus* de sentenças da língua que descreve de uma forma previamente fixada, para todas as gramáticas, por uma determinada teoria linguística. Temos assim um teste de adequação muito forte para uma teoria linguística que tente dar uma explicação geral para a noção de "sentença gramatical" em termos de "sentença observada", bem como para o conjunto de gramáticas construídas de acordo com essa teoria. Esse teste

---

1. Cf., p. ex., GOODMAN, N. *The structure of appearance*. Cambridge, 1951, p. 5-6. Repare que, para atingir os objetivos da gramática, dada uma teoria linguística, é suficiente ter um conhecimento parcial das sentenças (p. ex., um *corpus*) da língua, uma vez que uma teoria linguística estabelecerá a relação entre o conjunto de sentenças observadas e o conjunto de sentenças gramaticais; por exemplo, definirá "sentença gramatical" em termos de "sentença observada", de certas propriedades das sentenças observadas e de certas propriedades das gramáticas. Para usar a formulação de Quine, uma teoria linguística dará uma explicação geral para o que "poderia" estar em uma língua, com base n' "o que *é*, mais a *simplicidade* das leis com que descrevemos e extrapolamos o que *é*" (QUINE, W.V. *From a logical point of view*. Cambridge, 1953, p. 54). Cf. seção 6.1.

é, além do mais, uma exigência razoável, já que não estamos interessados apenas em línguas particulares, mas também na natureza geral da linguagem. Há muito mais que pode ser dito sobre esse tópico crucial, mas isso nos levaria muito longe aqui. Cf. capítulo 6.

2.2 Baseados em quê podemos separar as sequências gramaticais das sequências agramaticais? Não tentarei dar uma resposta completa para essa pergunta aqui (cf. os capítulos 6 e 7), mas gostaria de salientar que diversas respostas que imediatamente nos ocorrem não podem estar corretas. Em primeiro lugar, é óbvio que o conjunto de frases gramaticais não pode se identificar com um *corpus* qualquer de enunciados recolhido pelo linguista em seu trabalho de campo. Qualquer gramática de uma língua irá *projetar* o *corpus* de enunciados observados, finito e mais ou menos acidental, em um conjunto (presumivelmente infinito) de enunciados gramaticais. Nesse sentido, uma gramática reflete o comportamento do falante, que, baseado em uma experiência finita e acidental com a língua, pode produzir ou compreender um número indefinido de novas sentenças. Com efeito, qualquer explicação da noção de "gramatical na língua L" (p. ex., qualquer caracterização de "gramatical em L" em termos de "enunciado observado de L") pode ser concebida como oferecendo, também, uma explicação para esse aspecto fundamental do comportamento linguístico.

2.3 Em segundo lugar, a noção "gramatical" não pode ser confundida com as noções "dotado de sentido" ou "significativo" [3] em qualquer sentido semântico. As sentenças (1) e (2) são igualmente desprovidas de sentido, mas qualquer falante do inglês reconhecerá que apenas a primeira é gramatical [4].

(1) Colorless green ideas sleep furiously.
   [Incolores ideias verdes dormem furiosamente]
(2) Furiously sleep ideas green colorless.
   [Furiosamente dormem ideias verdes incolores]

De modo semelhante, não há motivo semântico para que se prefira (3) a (5) ou (4) a (6), mas apenas (3) e (4) são sentenças gramaticais do inglês [5].

(3) Have you a book on modern music?
(4) The book seems interesting.
(5) Read you a book on modern music?
(6) The child seems sleeping.

Tais exemplos sugerem que qualquer procura por uma definição de "gramaticalidade" baseada em noções semânticas será fútil. De fato, veremos, no capítulo 7, que existem razões estruturais profundas para distinguir (3) e (4) de (5) e (6). Mas, para estarmos em condições de encontrar uma explicação para esses fatos, nós teremos de levar a teoria de estrutura sintática para bem além de seus limites conhecidos no momento.

2.4 Em terceiro lugar, a noção de "gramatical em inglês" não pode ser identificada, de maneira alguma, com a de "alto nível de aproximação estatística ao inglês". Parece razoável aceitar que nem a sentença (1) nem a sentença (2) (e nenhuma parte dessas sentenças) jamais tenham ocorrido em inglês. Logo, em qualquer modelo estatístico da gramaticalidade, essas sentenças serão excluídas, com base nos mesmos motivos, como igualmente "remotas" ao inglês [6]. Ainda assim, (1), embora sem sentido, é gramatical, enquanto (2) não é. Vendo essas sentenças, um falante do inglês lerá (1) com uma entonação normal de sentença; por outro lado, lerá (2) com uma entonação descendente em cada palavra – na verdade, com o mesmo padrão de entonação dado a qualquer sequência de palavras que não apresentem relação entre si. Ele trata cada palavra de (2) como um sintagma isolado. De modo similar, ele conseguirá se lembrar de (1) muito mais facilmente do que (2), conseguirá decorá-la mais rapidamente etc. Ainda assim, ele pode nunca ter ouvido ou visto qualquer par de palavras dessas sentenças unidas em um discurso real. Para escolher outro exemplo, no contexto "I saw a fragile _" [Eu vi uma frágil _], as palavras "whale" [baleia] e "of" [de] podem ter a mesma frequência (ou seja, zero) na experiência linguística de um falante que irá, ainda assim, imediatamente reconhecer que uma dessas substituições, mas não a outra, resulta em uma sentença gramatical. Não podemos, é claro, apelar para o fato de que sentenças como (1) "poderiam" ser produzidas em um contexto suficientemente rebuscado, ao passo que (2) nunca seria, já que a base para essa diferença entre (1) e (2) é precisamente aquilo que estamos interessados em determinar.

Evidentemente, a capacidade de se produzir e de se reconhecer [7] enunciados gramaticais não é baseada em noções como a de aproximação estatística, ou coisas do gênero. O costume de se considerar como sentenças gramaticais aquelas que "podem ocorrer," ou aquelas que são "possíveis", tem sido responsável por algumas confusões. É natural entender "possível" como significando "altamente provável" e supor que a rígida distinção do linguista entre gramatical e agramatical[2] seja motivada por um sentimento de que, já que a "realidade" da língua é complexa demais para ser descrita completamente, ele deve se contentar com uma versão esquematizada, substituindo a "probabilidade zero, e todas as probabilidades extremamente baixas, por *impossível*, e todas as probabilidades altas por *possível*"[3]. Podemos ver, contudo, que essa ideia é incorreta e que uma análise estrutural não pode ser entendida como um resumo esquemático desenvolvido pelo aguçamento de diferenças encontradas nas fronteiras imprecisas do quadro estatístico completo. Se ranquearmos as sequências de uma determinada extensão de acordo com o grau de aproximação estatística com o inglês,

---

2. Mais adiante, sugeriremos que esta distinção rígida pode ser modificada em favor de uma noção de níveis de gramaticalidade. Mas isso não tem qualquer relevância para o ponto que se discute aqui. Assim, (1) e (2) estarão em diferentes níveis de gramaticalidade, mesmo que (1) esteja em um nível inferior de gramaticalidade ao de, digamos, (3) e (4); e, no entanto, (1) e (2) estarão no mesmo nível de afastamento estatístico do inglês. O mesmo acontece com inúmeros pares semelhantes.

3. Cf. HOCKETT. *A manual of phonology*. Baltimore, 1955, p. 10.

encontraremos tanto sequências gramaticais como agramaticais espalhadas pela lista; aparentemente, não há uma relação específica entre nível de aproximação e gramaticalidade. Apesar do inegável interesse e da importância dos estudos semânticos e estatísticos da linguagem, eles parecem não ter relevância direta para o problema de determinar ou caracterizar o conjunto de enunciados gramaticais. Acredito que devemos concluir que a gramática é autônoma e independente do significado e que os modelos probabilísticos não fornecem nenhum esclarecimento sobre alguns dos problemas básicos da estrutura sintática[4].

---

4. Retornamos à questão da relação entre sintaxe e semântica nos capítulos 8 e 9, onde argumentamos que esta relação pode ser estudada apenas depois que a estrutura sintática tenha sido determinada em bases independentes. Acredito que isso também vale, em grande parte, para a relação entre estudos sintáticos e estudos probabilísticos da língua. Dada a gramática de uma língua, pode-se estudar o uso da língua estatisticamente de diversas maneiras; e o desenvolvimento de modelos probabilísticos para o uso da língua (distintos da estrutura sintática da língua) pode ser bem compensador. Cf. MANDELBROT, B. "Structure formelle des textes et communication: deux études". *Word*, 10, 1954, p. 1-27. • SIMON, H.A. "On a class of skew distribution functions". *Biometrika*, 42, 1955, p. 425-440. Poder-se-ia tentar desenvolver uma relação mais elaborada entre a estrutura estatística e a estrutura sintática do que a do modelo baseado na simples ordem de aproximação, que rejeitamos. Certamente, eu não me preocuparia em mostrar que qualquer relação desse tipo é impensável, mas não conheço nenhuma sugestão a esse respeito que não apresente falhas óbvias. Repare, em particular, que, para qualquer n, nós podemos encontrar uma sequência cujas primeiras n palavras podem ocorrer como o começo de uma sentença gramatical S_1 e cujas últimas n palavras possam ocorrer como o final de alguma sentença gramatical S_2, mas onde S_1 deve ser distinta de S_2. Por exemplo, considere as sequências da forma "the man who ... are here" [o homem que... estão aqui], em que "..." pode ser um sintagma verbal de comprimento arbitrário. Repare também que podemos encontrar sequências de classes de palavras que são novas, mas ainda assim perfeitamente gramaticais – por exemplo, uma sequência de adjetivos maior do que qualquer outra jamais produzida no contexto "I saw a __ house" [Eu vi uma casa __]. Tentativas de explicar a relação gramatical-agramatical, como no caso de (1) e (2), baseadas na frequência do tipo de sentença, na ordem de aproximação às sequências de classes de palavras da língua etc. terão de enfrentar as dificuldades levantadas por fatos como os aqui apontados.

Capítulo 3

Uma teoria linguística elementar

3.1 Tomando como dado o conjunto de sentenças gramaticais do inglês, agora podemos perguntar que tipo de mecanismo pode produzir esse conjunto (ou, de modo equivalente, que tipo de teoria dá conta adequadamente da estrutura desse conjunto de enunciados). Podemos encarar cada sentença desse conjunto como sendo uma sequência de fonemas de extensão finita. Uma língua é um sistema extremamente intrincado, e parece óbvio que qualquer tentativa de apresentar diretamente esse conjunto em termos de sequências gramaticais de fonemas levaria a uma gramática tão complexa que seria praticamente inútil. Por esse motivo (entre outros), a descrição linguística procede em termos de um sistema de "níveis de representação". Assim, em vez de descrever diretamente a estrutura fonêmica das sentenças, o linguista estabelece elementos de "nível superior" tais como os morfemas, e descreve, de um lado, a estrutura morfêmica das sentenças, e, de outro, a estrutura fonêmica dos morfemas [8]. Pode-se ver facilmente que a descrição conjunta desses dois níveis será muito mais simples do que uma descrição direta da estrutura fonêmica das sentenças.

Consideremos agora diversas maneiras de descrever a estrutura morfêmica das sentenças. Perguntemo-nos que tipo de gramática é necessário para gerar [9] todas as sequências de morfemas (ou palavras) que são sentenças gramaticais do inglês – e apenas estas.

Uma condição que uma gramática deve necessariamente satisfazer é a de ser finita. Assim, a gramática de uma língua não pode ser simplesmente uma lista de todas as sequências de morfemas (ou de palavras) da língua, já que há um número infinito de tais sequências. Um conhecido modelo para a linguagem baseado na teoria da comunicação sugere uma solução para esta dificuldade. Suponha que dispomos de uma máquina que pode passar por um número finito de diferentes estados internos; suponha, além disso, que esta máquina muda de um estado para outro produzindo um determinado símbolo (digamos, uma palavra do inglês). Um desses estados é um *estado inicial*; outro é um *estado final*. Suponha que a máquina comece no estado inicial, passe por uma sequência de estados (produzindo uma palavra a cada transição) e termine no estado final. Chamaremos de "sentença" toda a sequência de palavras assim obtida. Cada máquina desse tipo define, então, uma determinada língua, qual seja, o conjunto de sentenças que podem ser produzidas desse modo. Chamaremos qualquer língua que possa ser produzida por uma máquina desse tipo de *língua de estados finitos*; e podemos dizer que a própria máquina é uma *gramática de estados finitos*. Uma gramática de estados finitos pode ser representada graficamente na forma de um "diagrama de estados"[1]. Por exemplo, a gramática que produz apenas as duas sentenças "the man comes" [o homem vem] e "the men come" [os homens vêm] pode ser representada pelo seguinte diagrama de estados:

(7)

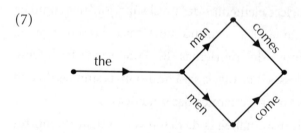

Adicionando transições fechadas [10], ou *loopings*, podemos estender esta gramática a fim de que produza um número infinito de sentenças. As-

---

1. SHANNON, C.E. & WEAVER, W. *The mathematical theory of communication*. Urbana, 1949, p. 15s.

sim, a gramática finita da subparte do inglês contendo as sentenças que vimos acima, mais as sentenças "the old man comes" [o velho homem vem], "the old old man comes" [o velho velho homem vem], ..., "the old men come" [os velhos homens vêm], "the old old men come" [os velhos velhos homens vêm], ..., pode ser representada pelo seguinte diagrama de estados:

(8)

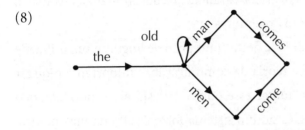

Dado um diagrama de estados, produzimos uma sentença percorrendo um caminho do ponto inicial à esquerda até o ponto final à direita, sempre seguindo a direção indicada pelas setas. Ao atingirmos determinado ponto no diagrama, podemos seguir adiante tomando qualquer caminho que parta desse ponto – sendo indiferente, para isso, que esse caminho já tenha sido ou não percorrido antes na construção da sentença em questão. Cada nó em tal diagrama corresponde, então, a um estado da máquina. Podemos permitir a transição de um estado a outro de diversas maneiras e podemos ter qualquer número de transições fechadas de qualquer extensão. As máquinas que produzem línguas desta maneira são conhecidas matematicamente como "processos markovianos de estados finitos" [11]. Para completar esse modelo elementar da linguagem baseado na teoria da comunicação, atribuímos uma probabilidade para cada transição de estado para estado. Assim, podemos calcular a "incerteza" associada a cada estado, e podemos definir o "conteúdo de informação" da língua como a incerteza média, medida pela probabilidade de se encontrar nos estados associados. Já que estamos estudando a estrutura gramatical da linguagem aqui, e não sua estrutura estatística, esse tipo de generalização não nos interessa.

Essa concepção da linguagem é extremamente poderosa e geral. Se pudermos adotá-la, podemos ver os falantes como sendo essencialmente uma máquina desse tipo. Ao produzir uma sentença, o falante começa no estado inicial, produz a primeira palavra da sentença, passando então a um segundo estado que limita a escolha da segunda palavra etc. Cada estado pelo qual ele passa representa as restrições gramaticais que limitam a escolha da próxima palavra nesse ponto do enunciado[2].

Considerando a generalidade desta concepção de língua, e sua utilidade em disciplinas afins como a teoria da comunicação, é importante inquirir sobre as consequências de adotar esse ponto de vista no estudo sintático de uma língua como o inglês ou um sistema formalizado da matemática. Qualquer tentativa de construir uma gramática de estados finitos para o inglês enfrenta sérias dificuldades e complicações desde o início, como o leitor pode facilmente verificar. Contudo, é desnecessário tentar mostrar isso com exemplos, tendo em vista a seguinte observação geral sobre o inglês:

(9) O inglês não é uma língua de estados finitos.

Quer dizer, é *impossível*, não apenas difícil, construir um mecanismo do tipo que descrevemos há pouco (um diagrama como (7) ou (8)) que produza todas e apenas as sentenças gramaticais do inglês. Para demonstrar (9), é necessário definir as propriedades sintáticas do inglês de maneira mais precisa. Passaremos a descrever determinadas propriedades sintáticas do inglês que indicam que, sob qualquer delimitação razoável do conjunto de sentenças desta língua, (9) pode ser considerado como um teorema relativo ao inglês. Para voltarmos à pergunta que levantamos no segundo parágrafo da seção 3.1, (9) declara que não é possível descrever a estrutura

---

2. Este é essencialmente o modelo de linguagem que Hockett desenvolve em *A manual of phonology*. Baltimore, 1955, p. 2.

morfêmica de sentenças diretamente por meio de algum mecanismo como um diagrama de estados e que a concepção de língua baseada no processo de Markov que esboçamos acima não pode ser aceita, pelo menos para os propósitos da gramática.

3.2 Uma língua é definida quando se fornece seu "alfabeto" (isto é, o conjunto finito de símbolos a partir dos quais as sentenças são construídas) e suas sentenças gramaticais [12]. Antes de investigarmos o inglês diretamente, consideremos diversas línguas cujos alfabetos contêm apenas as letras a e b e cujas sentenças são definidas como em (10i-iii):

(10) (i) *ab, aabb, aaabbb,* ..., e, em geral, todas as sentenças que consistem de n ocorrências de a seguidas por n ocorrências de b – e apenas estas sentenças;

(ii) *aa, bb, abba, baab, aaaa, bbbb, aabbaa, abbbba,* ..., e, em geral, todas as sentenças que consistem de uma sequência X seguida por uma "imagem em espelho" de X (isto é, X de maneira inversa) – e apenas estas sentenças;

(iii) *aa, bb, abab, baba, aaaa, bbbb, aabaab, abbabb,* ..., e, em geral, todas as sentenças que consistem de uma sequência X de *a*s e *b*s seguida de uma sequência idêntica a X – e apenas estas sentenças.

Podemos facilmente mostrar que nenhuma dessas três línguas é uma língua de estados finitos [13]. De modo similar, línguas que são como as em (10) quanto à propriedade de seus *a*s e *b*s não serem consecutivos, mas estarem encaixados em outras sequências, escaparão à definição de "língua de estados finitos" sob condições bastante gerais[3].

---

3. Cf. meu artigo "Three models for the description of language". *I.R.E. Transactions on Information Theory*, vol. IT-2, Proceedings of the symposium on information theory, set./1956, para um esclarecimento destas condições e para uma prova de (9). Repare, em particular, que

Mas está claro que existem subpartes do inglês com a mesma forma básica que (10i) e (10ii). Sejam $S_1, S_2, S_3, ...,$ sentenças declarativas em inglês. Então também podemos ter sentenças como as seguintes em inglês:

(11) (i) If S_1, then $S2$.   [Se S_1, então $S2$.]

(ii) Either S_3, or S_4.   [Ou S_3, ou S_4.]

(iii) The man, who said that S_5, is arriving today.

[O homem, que disse que S_5, está chegando hoje.]

Em (11i), não podemos ter "or" [ou] no lugar de "then" [então]; em (11ii), não podemos ter "then" [então] no lugar de "or" [ou]; em (11iii), nós não podemos ter "are" [estão] no lugar de "is" [está]. Em cada um desses casos, há uma dependência entre palavras que se encontram em lados opostos da vírgula (isto é, entre "if" [se] e "then" [então], entre "either" [ou] e "or" [ou], e entre "man" [homem] e "is" [está]). Contudo, entre as palavras interdependentes, podemos inserir, em cada caso, uma sentença declarativa S_1, S_3, S_5, e esta sentença declarativa pode ser, inclusive, uma daquelas descritas em (11i-iii). Assim, se em (11i) tomamos S_1 como tendo a forma de (11ii), e S_3 como tendo a forma de (11iii), obteremos a seguinte sentença:

(12) If either (11iii), or S_4, then S_2.

[Se, ou (11iii), ou S_4, então S_2.][14]

e S_5 em (11iii) pode ser novamente uma das sentenças de (11). Está claro, portanto, que em inglês podemos encontrar uma sequência $a + S_1 + b$, em que há uma dependência entre a e b, e podemos selecionar como S_1 outra sequência contendo $c + S_2 + d$, em que há uma dependência entre c e d, e podemos, então, selecionar como S_2 outra sequência dessa forma

---

o conjunto de fórmulas bem-formadas de qualquer sistema formalizado da matemática ou da lógica não será uma língua de estados finitos, por causa dos parênteses pareados ou de restrições equivalentes.

etc. Um conjunto de sentenças construído desta forma (e vemos, partir de (11), que há diversas possibilidades disponíveis para isso – (11) não chega perto de exaurir as possibilidades) terá todas as propriedades de imagem de espelho que caracterizam (10ii) e que excluem (10ii) do conjunto das línguas de estados finitos. Dessa forma, podemos encontrar vários tipos de modelos, dentro do inglês, que não são modelos de estados finitos. Esta é apenas uma indicação grosseira do caminho pelo qual se pode chegar a uma demonstração rigorosa de (9) – partindo-se da suposição de que sentenças como (11) e (12) pertencem ao inglês e que sentenças que contradizem as dependências referidas em (11) (p. ex., "Either S_3, then S_1" [Ou S_3, então S_1] etc.) não pertencem ao inglês. Repare que muitas das sentenças com a forma de (12) etc., serão bem estranhas e incomuns. (Elas podem muitas vezes ter sua estranheza atenuada se trocarmos "if" [se] por "whenever" [sempre que], "on the assumption that" [assumindo que], "if it is the case that" [se é verdade que] etc., o que não altera o ponto fundamental de nossas observações). Mas elas são todas sentenças gramaticais, formadas por processos de construção de sentenças tão simples e elementares que até mesmo a gramática mais rudimentar do inglês deveria contê-los. Elas podem ser compreendidas, e podemos até mesmo formular, de forma extremamente simples, as condições sob as quais elas podem ser verdadeiras. É difícil de conceber qualquer motivação para excluí-las do conjunto de sentenças gramaticais do inglês. Parece bastante claro, portanto, que nenhuma teoria da estrutura linguística baseada exclusivamente em modelos markovianos e similares será capaz de explicar ou dar conta da habilidade que um falante do inglês tem de produzir e compreender novos enunciados, ao mesmo tempo em que rejeita outras sequências novas por não pertencerem à língua.

3.3 Poderíamos decretar arbitrariamente que processos de formação de sentenças em inglês como os que estamos discutindo não podem ser aplicados mais do que n vezes, para um valor fixo de n. Isso, obviamente, faria do inglês uma língua de estados finitos, tal como o faria, por exemplo, limitar as sentenças do inglês a uma extensão de menos de um milhão de palavras. Tais limitações arbitrárias não possuem qualquer finalidade útil, entretanto. O fato é que as gramáticas de estados finitos são intrinsecamente inaptas para lidar com certos processos de formação de sentenças. Se esses processos não têm nenhum limite finito, podemos provar a inaplicabilidade literal desse tipo elementar de teoria. Se esses processos têm um limite, então a construção de uma gramática de estados finitos não estará literalmente fora de questão, já que será possível listar as sentenças, e uma lista é essencialmente uma gramática de estados finitos trivial. Mas esta gramática será tão complexa que será de pouco uso ou interesse. Em geral, presume-se que línguas são infinitas a fim de simplificar a descrição destas línguas. Se uma gramática não dispuser de mecanismos recursivos (p. ex., transições fechadas como em (8), no caso das gramáticas de estados finitos), ela será proibitivamente complexa. Se ela dispuser de mecanismos recursivos de algum tipo, ela produzirá um número infinito de sentenças.

Em suma, a abordagem para a análise de gramaticalidade acima sugerida, em termos de um processo markoviano de estados finitos que produza sentenças da esquerda para a direita, parece levar a um beco sem saída, tanto quanto as propostas rejeitadas no capítulo 2. Se uma gramática desse tipo produzir todas as sentenças do inglês, produzirá, igualmente, muitas sequências que não são sentenças. E, se produzir apenas sequências que são sentenças do inglês, podemos ter certeza de que haverá um número infinito de sentenças verdadeiras, sentenças falsas, perguntas razoáveis etc., que ela simplesmente não produzirá.

A concepção de gramática que acaba de ser rejeitada representa, de certa forma, a teoria linguística mínima a merecer séria consideração. Uma gramática de estados finitos é o tipo mais simples de gramática que, com uma quantidade finita de mecanismos, pode gerar um número infinito de sentenças. Vimos que uma teoria tão limitada linguisticamente não é adequada; somos forçados a procurar algum outro tipo mais poderoso de gramática e uma forma mais "abstrata" de teoria linguística. A noção de "nível linguístico de representação" apresentada no começo desta seção deve ser modificada e elaborada. Deve haver pelo menos um nível linguístico que *não* tenha uma estrutura tão simples. Quer dizer, em algum nível, não será o caso que toda sentença seja representada simplesmente como uma sequência finita de elementos de algum tipo, gerada da esquerda para a direita por algum mecanismo elementar. Ou deveremos, alternativamente, abandonar a ideia de encontrar um conjunto *finito* de níveis, ordenados do mais alto ao mais baixo, construídos de tal modo que podemos gerar todos os enunciados descrevendo as sequências permitidas de elementos do nível mais elevado, a constituição de cada elemento desse nível em termos de elementos do segundo nível etc., e, finalmente, descrevendo a constituição fonêmica dos elementos do nível imediatamente anterior ao mais baixo[4] [15]. No começo do capítulo 3, propusemos que se estabelecesse níveis desta maneira, a fim de *simplificar* a descrição do conjunto das sequências gramaticais de fonemas. Se uma língua pode ser descrita de uma maneira elementar, da esquerda para a direita, em termos de um único nível (isto é, se é uma língua de estados finitos), então esta descrição pode verdadeiramente ser simplificada com a construção de tais níveis mais elevados; mas, para gerar línguas de estados não finitos como o inglês, precisamos de métodos fundamentalmente diferentes, além de um conceito mais geral de "nível linguístico" [16].

---

4. Uma terceira alternativa seria manter a noção de nível linguístico como um simples método linear de representação e gerar ao menos um desses níveis, da esquerda para a direita, por um mecanismo com maior capacidade do que a de um processo markoviano de estados finitos. Há tantas dificuldades com a noção de nível linguístico baseada em geração da esquerda para a direita, tanto em termos de complexidade de descrição como em falta de poder explicativo (cf. capítulo 8), que parece inútil continuar perseguindo esta abordagem. Das gramáticas que discutimos abaixo, as que não geram da esquerda para a direita correspondem, também, a processos menos elementares do que os processos markovianos de estados finitos. Mas tais processos são, talvez, menos poderosos do que o tipo de mecanismo que seria necessário para uma geração do inglês diretamente da esquerda para a direita. Cf. meu artigo "Three models for the description of language" para alguma discussão adicional.

Capítulo 4

Estrutura sintagmática

4.1 Habitualmente, a descrição linguística no nível sintático é formulada em termos de análise de constituintes (*parsing*)[17]. Consideremos agora qual forma de gramática está pressuposta numa descrição desse tipo. Descobriremos que a nova forma de gramática é *essencialmente* mais poderosa que o modelo de estados finitos rejeitado anteriormente e que o conceito de "nível linguístico" associado a ela é diferente em aspectos fundamentais.

Como exemplo simples da nova forma para gramáticas associada à análise de constituintes, considere o seguinte conjunto de regras:

(13)   (i)   *Sentença* $\rightarrow$ *SN + SV*

      (ii)   *SN* $\rightarrow$ *Art + N*

      (iii) *SV* $\rightarrow$ *Verbo+ SN*

      (iv)   *Art* $\rightarrow$ *the* [o, a]

      (v)   *N* $\rightarrow$ *man* [homem], *ball* [bola] etc.

      (vi)   *Verbo* $\rightarrow$ *hit* [chutou], *took* [pegou] etc.

Suponha que interpretemos cada regra da forma $X \rightarrow Y$ de (13) como a instrução "reescreva X como Y". Chamaremos (14) de uma *derivação* da sentença "o homem chutou a bola", em que os números à direita de cada linha da derivação se referem à regra da "gramática" em (13) que foi usada para construir aquela linha a partir de uma linha precedente na derivação[1].

---

1. As regras numeradas da gramática do inglês a que constantemente faremos referência nas páginas seguintes estão reunidas e organizadas adequadamente no capítulo 12, *Apên-*

(14)   Sentença
      SN + SV   r. (i)
      Art + N + SV   r. (ii)
      Art + N + Verbo + SN   r. (iii)
      o + N + Verbo + SN   r. (iv)
      o + homem + Verbo + SN   r. (v)
      o + homem + chutou + SN   r. (vi)
      o + homem + chutou + Art + N   r. (ii)
      o + homem + chutou + a + N   r. (iv)
      o + homem + chutou + a + bola   r. (v)

Assim, a segunda linha de (14) é formada a partir da primeira linha reescrevendo-se *Sentença* como *SN + SV*, de acordo com a regra (i) em (13); a terceira linha é formada a partir da segunda linha reescrevendo-se *SN* como *Art + N*, de acordo com a regra (ii) de (13) etc. Podemos representar a derivação (14) de uma maneira óbvia por meio do seguinte diagrama:

(15)

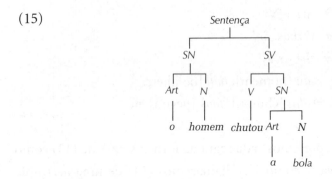

O diagrama (15) veicula menos informação do que a derivação (14), já que ele não nos diz em que ordem as regras foram aplicadas em (14). A partir de (14), podemos construir unicamente (15), mas o contrário

---

dice II. As convenções notacionais que utilizaremos ao longo da discussão da estrutura do inglês são descritas no capítulo 11, *Apêndice I*.

não é verdadeiro, já que é possível construir uma derivação reduzível a (15) que possua uma ordem diferente de aplicação das regras. O diagrama (15) retém apenas o que é essencial em (14) para a determinação da estrutura sintagmática (análise de constituintes) da sentença derivada "o homem chutou a bola". Uma sequência de palavras desta sentença é um constituinte do tipo Z se podemos ligar esta sequência a um único ponto de origem em (15), e esse ponto de origem possui Z como rótulo. Por exemplo, "chutou a bola" pode ser ligado a SV em (15); então, "chutou a bola" é um SV na sentença derivada. Mas "homem chutou" não pode ser reconstituído a nenhum ponto de origem em (15); logo, "homem chutou" não é um constituinte.

Dizemos que duas derivações são *equivalentes* se elas são reduzíveis a um mesmo diagrama da forma ilustrada por (15). Ocasionalmente, uma gramática pode nos permitir a construção de derivações não equivalentes para uma determinada sentença. Nestas circunstâncias, dizemos que temos um caso de "homonímia construcional"[2] e, se nossa gramática estiver correta, esta sentença da língua deverá ser ambígua. Retornaremos à importante noção de homonímia construcional mais adiante.

Uma generalização de (13) é claramente necessária. Devemos ser capazes de limitar a aplicação de uma regra a um determinado contexto. Assim, *Art* pode ser reescrito *o* se o substantivo seguinte for singular, mas não se for plural; da mesma forma, *V* pode ser reescrito *chuta* se o substantivo precedente for *homem*, mas não se for *homens*. Em geral, se desejamos limitar a reescrita de X como Y ao contexto $Z - W$, podemos formular a seguinte regra na gramática:

---

2. Cf. a seção 8.1 para alguns exemplos de homonímia construcional. Para uma discussão mais detalhada, cf. tb. os meus *The logical structure of linguistic theory* (mimeografado) e "Three models for the description of language"; de C.F. Hockett: "Two models of grammatical description" ("Linguistics Today". *Word*, 10, 1954, p. 210-233), e de R.S. Wells: "Immediate constituents" (*Language*, 23, 1947, p. 81-117).

(16) $Z + X + W \rightarrow Z + Y + W$

Por exemplo, no caso de verbos no singular e no plural, ao invés de termos $V \rightarrow$ *chuta* como uma regra adicional de (13), deveríamos ter

(17) $SN_{sing} + Verbo \rightarrow SN_{sing} + chuta$

indicando que o *Verbo* é reescrito como *chuta* apenas no contexto $SN_{sing} -$. Correspondentemente, a regra (13ii) terá de ser reformulada para incluir SN_{sing} e SN_{pl} [3]. Esta é uma generalização direta de (13). Uma característica de (13) deve, contudo, ser preservada, como ela o é em (17): apenas um elemento pode ser reescrito em cada regra. Por exemplo, em (16), X deve ser um símbolo único, como *Art* ou V, e não uma sequência como $Art + N$. Se esta condição não for respeitada, não conseguiremos reconstruir adequadamente a estrutura sintagmática das sentenças derivadas a partir dos diagramas associados da forma (15), como fizemos anteriormente.

Podemos descrever agora de maneira mais geral a forma de gramática associada à teoria da estrutura linguística baseada na análise de constituintes. Cada gramática é definida por um conjunto finito Σ de sequências iniciais e um conjunto finito F de "fórmulas de instrução" com a forma $X \rightarrow Y$, interpretadas como "reescreva X como Y". Embora X não precise ser um símbolo único, somente um símbolo de X pode ser reescrito ao se formar Y. Na gramática (13), o único membro do conjunto Σ das sequências iniciais era o símbolo *Sentença*, e F era constituído pelas regras (i)-(vi); mas pode-

---

3. Então, em uma gramática mais completa, a regra (13ii) poderia ser substituída por um conjunto de regras que incluísse as seguintes:

$$SN \rightarrow \begin{bmatrix} SN_{sing} \\ SN_{pl} \end{bmatrix}$$

$SN_{sing} \rightarrow Art + N + \emptyset$ (+ *Sintagma Preposicional*)

$SN_{pl} \rightarrow Art + N + \text{-}S$ (+ *Sintagma Preposicional*)

em que *-S* é o morfema singular para verbos e plural para substantivos (cf. *comes* "(ele) vem", e *boys* "meninos"). Omitiremos qualquer menção à primeira e à segunda pessoa nesta discussão. A identificação do afixo número-pessoal de verbos e nomes como uma única forma *-S* em inglês é, na verdade, de validade questionável.

ríamos querer estender Σ, para incluir, por exemplo, *Sentença Declarativa* e *Sentença Interrogativa* como símbolos adicionais. Dada a gramática [Σ, F], definimos uma *derivação* como uma série finita de sequências, começando com uma sequência inicial de Σ e com cada sequência na série sendo derivada da sequência precedente pela aplicação de uma das fórmulas de instrução em F. Assim, (14) é uma derivação, e a série de sequências de cinco termos constituída das cinco primeiras linhas de (14) também é uma derivação. Algumas derivações são chamadas de derivações *terminadas*, no sentido de que a sua sequência final não pode mais ser reescrita pela aplicação das regras em F. Dessa forma, (14) é uma derivação terminada, mas a sequência das cinco primeiras linhas de (14) não é. Se uma sequência é a última linha de uma derivação terminada, dizemos que é uma sequência *terminal*. Assim, *o+homem+chutou+a+bola* é uma sequência terminal da gramática (13). Algumas gramáticas da forma [Σ, F] podem não ter sequências terminais, mas estamos interessados apenas nas gramáticas que de fato tenham sequências terminais, isto é, que descrevam alguma língua. Um conjunto de sequências é chamado de uma *língua terminal* se for o conjunto de sequências terminais para alguma gramática [Σ, F]. Assim, cada uma destas gramáticas define uma língua terminal (talvez a língua "vazia", não contendo sentença alguma), e cada língua terminal é produzida por uma gramática da forma [Σ, F]. Dada uma língua terminal e sua gramática, podemos reconstruir a estrutura sintagmática de cada sentença da língua (cada sequência terminal da gramática) por meio da inspeção dos diagramas associados da forma (15), como vimos anteriormente. Podemos também definir nestas línguas as relações gramaticais de uma maneira formal, em termos dos diagramas associados.

4.2 No capítulo 3, consideramos línguas, chamadas de "línguas de estados finitos", que eram geradas por processos markovianos de estados finitos. Agora estamos considerando línguas terminais que são geradas por sistemas da forma [Σ, F]. Esses dois tipos de línguas estão relacionados da seguinte maneira:

Teorema: Toda língua de estado finito é uma língua terminal, mas existem línguas terminais que não são línguas de estado finito[4].

O que esse teorema quer dizer é que a descrição em termos de estrutura sintagmática é essencialmente mais poderosa do que a descrição em termos da teoria elementar apresentada no capítulo 3. Como exemplos de línguas terminais que não são línguas de estados finitos, encontramos as línguas (10i) e (10ii), discutidas no capítulo 3. Assim, a língua (10i), que consiste em todas e somente as sequências *ab, aabb, aaabbb,* ... , pode ser produzida pela gramática [Σ, F] em (18):

(18) Σ: Z
     F: $Z \rightarrow ab$
       $Z \rightarrow aZb$

Esta gramática tem a sequência inicial Z (como (13) tem a sequência inicial *Sentença*) e possui duas regras. Pode-se ver facilmente que cada derivação terminada que for construída a partir de (18) acaba em uma sequência da língua (10i), e que todas as sequências desta língua são produzidas desta forma. De maneira semelhante, línguas da forma (10ii) podem ser produzidas por gramáticas [Σ, F]. No entanto, a língua descrita em (10iii) não pode ser produzida por uma gramática desse tipo, a menos que as regras incorporem restrições contextuais[5].

No capítulo 3, chamamos a atenção para o fato de que as línguas (10i) e (10ii) correspondem a subpartes do inglês e que, por isso, o modelo dos processos markovianos de estados finitos não é adequado para o inglês. Agora, podemos ver que o modelo da estrutura sintagmática não falha em

---

4. Cf. o meu "Three models for the description of language" (p. 22, n. 3) para provas deste, e de outros teoremas relacionados, acerca do poder relativo das gramáticas.

5. Cf. o meu "On certain formal properties of grammars" (*Information and Control*, 2, 1959, p. 133-167).

tais casos. Não provamos a adequação do modelo da estrutura sintagmática, mas mostramos que porções significativas do inglês que literalmente não podem ser descritas em termos do modelo de processos de estados finitos podem ser descritas em termos de estrutura sintagmática.

Repare que, no caso de (18), podemos dizer que, na sequência *aaabbb* de (10i), por exemplo, *ab* é um *Z*, *aabb* é um *Z*, e a própria *aaabbb* é um *Z*[6]. Dessa forma, esta sequência particular contém três "sintagmas", cada um dos quais é um *Z*. Esta é, obviamente, uma língua extremamente trivial. É importante observar que, ao descrever esta língua, introduzimos um símbolo *Z* que não está contido nas sentenças dessa língua. Isso é um fato essencial acerca da estrutura sintagmática – é o que lhe dá seu caráter "abstrato".

Observe também que, no caso de (13) e (18) (como em qualquer sistema de estrutura sintagmática), cada sequência terminal tem muitas representações diferentes. Por exemplo, no caso de (13), a sequência terminal "o homem chutou a bola" é representada pelas sequências *Sentença + SN + SV, Art + N + SV*, e todas as outras linhas da derivação em (14), bem como por sequências como *SN + Verbo + SN, Art + N + chutou + SN*, que poderiam ocorrer em outras derivações equivalentes a (14) no sentido ali definido. No nível da estrutura sintagmática, portanto, cada sentença da língua é representada por um *conjunto* de sequências, e não por uma única sequência, como acontece no nível dos fonemas, dos morfemas ou das palavras. Assim, a estrutura sintagmática, entendida como um nível linguístico, tem o caráter fundamentalmente diferente e não trivial que, como vimos no último parágrafo do capítulo 3, é exigido para algum nível linguístico. Não podemos estabelecer uma hierarquia entre as várias representações de "o homem chutou a bola"; não podemos subdividir o sistema da estrutura sintagmática em um conjunto finito de níveis, ordenado do maior ao menor, com uma representação para cada sentença em cada um desses subníveis. Por exemplo, não há qualquer maneira de ordenar os elementos *SN* e *SV* relativamente um ao outro. Sintagmas nominais podem estar contidos em sintagmas ver-

---

6. Em que "é um" é a relação definida na seção 4.1 em termos de diagramas como (15).

bais, e sintagmas verbais podem estar contidos em sintagmas nominais, em inglês. A estrutura sintagmática deve ser considerada como um único nível, com um conjunto de representações para cada sentença da língua. Há uma correspondência de um-para-um entre os conjuntos de representações adequadamente escolhidos e os diagramas da forma (15).

4.3 Suponha que, por meio de uma gramática $[\Sigma, F]$, possamos gerar todas as sequências gramaticais de morfemas de uma língua. A fim de completar a gramática, devemos descrever a estrutura fonêmica desses morfemas, de modo que a gramática produza as sequências gramaticais de fonemas da língua. Mas esta descrição (que chamaríamos de *morfofonêmica* da língua) pode também ser apresentada por meio de um conjunto de regras da forma "reescreva X como Y"; por exemplo, para o inglês:

(19) (i)   *walk* → /wɔk/

(ii)   *take + passado* → /tuk/

(iii)   *hit + passado* → /hit/

(iv)   /...D/ + *passado* → /...D/ + / Id/ (em que D = /t/ ou /d/)

(v)   /...C_{des}/ + *passado* → /...C_{des}/ + /t/ (em que C_{des} é uma consoante desvozeada)

(vi)   *passado* → /d/

(vii)   *take* → /teyk/

etc.

ou algo semelhante. Repare que é preciso estabelecer uma ordem entre estas regras – por exemplo, (iii) deve preceder (v) ou (vii), ou derivaremos formas como /teykt/ para o passado do verbo *take*. Nestas regras morfofonêmicas, não precisamos exigir que apenas um único símbolo seja reescrito em cada regra.

Podemos agora estender as derivações da estrutura sintagmática aplicando (19), de modo que tenhamos um processo unificado para gerar sequências de fonemas a partir da sequência inicial *Sentença*. Isso faz parecer que a separação entre o nível mais elevado da estrutura sintagmática e os níveis mais baixos é arbitrária. Na verdade, a distinção não é arbitrária. Em primeiro lugar, como vimos, as propriedades formais das regras $X \rightarrow Y$ correspondentes à estrutura sintagmática são diferentes das regras morfofonêmicas, já que, no caso das primeiras, devemos exigir que apenas um único símbolo seja reescrito. Em segundo lugar, os elementos que aparecem nas regras em (19) podem ser classificados em um conjunto finito de níveis (p. ex., fonemas e morfemas; ou talvez fonemas, morfofonemas e morfemas), cada nível desses sendo elementar no sentido de que uma única sequência de elementos dele está associada com cada sentença como sua representação nesse nível (exceto nos casos de homonímia), e cada uma destas sequências representa uma única sentença. Mas os elementos que aparecem nas regras correspondentes à estrutura sintagmática não podem ser classificados em níveis superiores e inferiores da mesma maneira. Veremos mais adiante que existe uma razão ainda mais fundamental para marcar esta subdivisão entre as regras de nível superior da estrutura sintagmática e as regras de nível inferior que convertem sequências de morfemas em sequências de fonemas.

As propriedades formais do sistema de estrutura sintagmática fornecem um tópico interessante de estudo, e é fácil mostrar que uma elaboração mais profunda nesta forma de gramática é não apenas possível como necessária. Assim, pode-se ver facilmente que seria vantajoso ordenar as regras do conjunto F de modo que algumas delas pudessem ser aplicadas somente depois de outras já terem sido aplicadas. Por exemplo, certamente gostaríamos que todas as regras da forma (17) se aplicassem antes de qualquer regra que nos permita reescrever *SN* como *SN + Preposição + SN*, ou algo semelhante; do outro modo, a gramática poderá produzir não sentenças como "os homens perto do caminhão começa a trabalhar às oito". Mas esta elaboração nos levaria a problemas que não fazem parte do escopo deste estudo.

Capítulo 5

Limitações da descrição de estrutura sintagmática

5.1 Estudamos até aqui dois modelos para a estrutura da língua: um modelo baseado na teoria da comunicação, em que uma língua é concebida como um processo markoviano – modelo que, de certa forma, corresponde à teoria linguística mínima; e um modelo de estrutura sintagmática baseado na análise de constituintes imediatos. Vimos que o primeiro modelo é indubitavelmente inadequado para os propósitos da descrição gramatical e que o segundo é mais poderoso do que o primeiro, além de não apresentar as mesmas falhas. Evidentemente, há línguas (em nosso sentido geral) que não podem ser descritas em termos de estrutura sintagmática, mas eu não sei se o inglês está ou não literalmente fora do alcance desse tipo de análise. No entanto, acredito que existam outros motivos para rejeitar a teoria da estrutura sintagmática como inadequada para a descrição linguística.

A prova mais forte da inadequação de uma teoria linguística é mostrar que ela não pode ser aplicada a alguma língua natural. Uma demonstração mais fraca, mas perfeitamente suficiente, de inadequação seria mostrar que a teoria pode ser aplicada àquela língua, mas apenas de maneira rudimentar; ou seja, mostrar que qualquer gramática que possa ser construída nos termos desta teoria será extremamente complexa, *ad hoc*, pouco "reveladora"; que maneiras muito simples de descrever sentenças gramaticais não podem ser acomodadas nas formas de gramática associadas a esta teoria; e que certas propriedades formais fundamentais das línguas naturais não podem ser usadas para simplificar gramáticas. Podemos juntar um bom bocado de evidências desse tipo em favor da tese de que a forma de gramática descrita pela estrutura sintagmática e a concepção de teoria linguística que subjaz a ela são fundamentalmente inadequadas.

A única maneira de testar a adequação de nosso aparato atual é tentar aplicá-lo diretamente à descrição das sentenças do inglês. Tão logo consideramos qualquer sentença que vá além do tipo mais simples e, em particular, tentamos definir algum tipo de ordem entre as regras que produzem tais sentenças, descobrimos que há inúmeras dificuldades e complicações. Dar substância a esta afirmação exigiria muito espaço e esforço; aqui, apenas direi que isso pode ser mostrado de maneira bastante convincente[1]. Em vez de seguir esse caminho árduo e ambicioso, limitar-me-ei a esboçar alguns poucos casos simples em que melhorias consideráveis são possíveis se vamos além das gramáticas com a forma $[\Sigma, F]$. Na seção 8.1, sugerirei um método independente de demonstrar a inadequação da análise de constituintes como um meio de descrever a estrutura das sentenças do inglês.

5.2 Um dos processos mais produtivos para a formação de novas sentenças é o processo de coordenação [18]. Se tivermos duas sentenças $Z + X + W$ e $Z + Y + W$, e se X e Y são constituintes destas sentenças, podemos formar uma nova sentença $Z - X + e + Y - W$. Por exemplo, das sentenças (20a-b), podemos formar a nova sentença (21).

(20) (a) the scene – of the movie – was in Chicago
[a cena – do filme – foi em Chicago]

(b) the scene – of the play – was in Chicago
[a cena – da peça – foi em Chicago].

(21) the scene – of the movie and of the play – was in Chicago
[a cena – do filme e da peça – foi em Chicago].

---

1. Cf. minha tese *The logical structure of linguistic theory* para uma análise detalhada deste problema.

No entanto, se X e Y não são constituintes, via de regra, não podemos fazer isso[2]. Por exemplo, não podemos formar (23) a partir de (22a-b).

(22) (a)   the – liner sailed down the – river
       [o – navio navegou para-baixo o – rio]
       "O navio navegou rio abaixo"
   (b)   the – tugboat chugged up the – river
       [o – rebocador pipocou para-cima o – rio]
       "O rebocador pipocou rio acima"

---

2. (21) e (23) são casos extremos, em que não há dúvidas sobre a possibilidade da coordenação. Há vários casos menos evidentes. Por exemplo, parece óbvio que "John enjoyed the book and liked the play" [o João apreciou o livro e adorou a peça] (uma sequência da forma $SN – SV + and + SV$) é uma sentença perfeitamente boa, mas muitos questionariam a gramaticalidade de, por exemplo, "John enjoyed and my friend liked the play" [o João apreciou e o meu amigo adorou o livro] (uma sequência da forma $SN + Verbo + and + Verbo – SN$). Esta segunda sentença, em que a coordenação atravessa as fronteiras de constituintes, é muito menos natural do que sua alternativa "John enjoyed the book and my friend liked it" [o João apreciou o livro e meu amigo adorou ele], mas não há nenhuma alternativa que seja preferível à primeira sentença. Tais sentenças com a coordenação cruzando os limites dos constituintes são também, em geral, marcadas por traços fonêmicos peculiares, como pausas extras demasiadamente longas (em nosso exemplo, entre "liked" [adorou] e "it" [ele], acento e entonação contrastivos, ausência de redução de vogais e de apagamento de consoantes finais em fala rápida etc. Na verdade, aqui Chomsky deveria ter se referido ao exemplo "John enjoyed and my friend liked the play" [o João apreciou e o meu amigo adorou o livro]. A pausa demasiadamente longa apareceria entre "liked" e "the play" – e não entre "liked" e "it". Tais traços normalmente marcam a leitura de sequências não gramaticais. A maneira mais razoável de caracterizar esta situação parece ser com uma descrição do seguinte tipo: para formar sentenças perfeitamente gramaticais por meio da coordenação, é necessário conectar constituintes simples; se conectamos pares de constituintes, e estes são constituintes importantes (isto é, que estão numa posição alta no diagrama (15)), as sentenças resultantes serão semigramaticais; quanto mais profundamente a coordenação violar a estrutura de constituintes, menos gramatical será a sentença resultante. Esta descrição requer que generalizemos a dicotomia gramatical\agramatical, desenvolvendo a noção de graus de gramaticalidade. É irrelevante para nossa discussão, entretanto, se decidimos excluir como agramaticais sentenças como "John enjoyed and my friend liked the play", ou se as incluímos como semigramaticais, ou, ainda, se as incluímos como completamente gramaticais, mas com traços fonêmicos peculiares. Seja qual for a opção, elas continuarão formando uma classe de enunciados distintos de "John enjoyed the play and liked the book" etc., em que a estrutura de constituintes é preservada de modo perfeito; e nossa conclusão de que a regra para a coordenação deve fazer referência explícita à estrutura de constituintes mantém-se válida, já que esta distinção terá de ser assinalada na gramática.

(23) the – liner sailed down the and tugboat chugged up the – river

[o – navio navegou para-baixo o e rebocador pipocou para-cima o – rio][19]

Da mesma forma, se *X* e *Y* forem constituintes, mas constituintes de tipos diferentes (isto é, se no diagrama da forma (15) eles tiverem cada um uma origem única, mas se esta origem for rotulada de maneira diferente), então não podemos formar uma nova sentença por coordenação [20]. Por exemplo, não podemos formar (25) de (24a-b).

(24)   (a) the scene – of the movie – was in Chicago
          [a cena – do filme – foi em Chicago]
       (b) the scene – that I wrote – was in Chicago
          [a cena – que eu escrevi – foi em Chicago]

(25) the scene – of the movie and that I wrote – was in Chicago
          [a cena – do filme e que eu escrevi – foi em Chicago]

Na verdade, a possibilidade de coordenação oferece um dos melhores critérios para a determinação inicial da estrutura sintagmática. Podemos simplificar a descrição do processo de coordenação se tentarmos estabelecer constituintes de forma que a seguinte regra se aplique:

(26) Se S_1 e S_2 são sentenças gramaticais, e S_1 difere de S_2 apenas pelo fato de S_1 possuir X onde S_2 possui Y (isto é, $S_1 = ... X ...$ e $S_2 = ... Y ...$), e X e Y forem constituintes do mesmo tipo em S_1 e em S_2, respectivamente, então S_3 é uma sentença, em que S_3 é o resultado da substituição de X por $X + and + Y$ em S_1 (isto é, $S_3 = ... X + and + Y ...$)

Ainda que seja necessário fazer qualificações adicionais aqui, a gramática será enormemente simplificada se ajustarmos os constituintes de tal forma que (26) possa ser mantida, ainda que aproximadamente. Ou seja, é mais fácil determinar a distribuição do "and" por meio de qualificações feitas a esta regra do que tentar fazer isso diretamente, sem esta regra. Mas agora enfrentamos a seguinte dificuldade: não podemos incorporar a regra (26) nem nenhuma regra similar em uma gramática [Σ, F] de estrutura sintagmática, por causa de certas limitações fundamentais destas gramáticas. A propriedade essencial da regra (26) é que, para aplicá-la às sentenças S_1 e S_2 e, com isso, formar a nova sentença S_3, precisamos saber não apenas a forma real de S_1 e S_2, como também suas estruturas de constituintes – devemos saber não apenas o formato final destas sentenças, mas também sua "história de derivação". Mas cada regra $X \rightarrow Y$ da gramática [S, F] se aplica ou deixa de se aplicar a uma determinada sequência em função da matéria concreta de que esta sequência é constituída [21]; saber como esta sequência assumiu gradualmente tal forma é irrelevante para a aplicação das regras sintagmáticas: se a sequência contém X como uma subsequência, a regra $X \rightarrow Y$ pode se aplicar a ela; caso contrário, a regra não se aplicará.

Podemos tratar o problema de maneira diferente. A gramática [Σ, F] também pode ser entendida como um processo básico que gera sentenças não da "esquerda para a direita", mas de "cima para baixo". Suponha que dispomos da seguinte gramática de estrutura sintagmática:

(27) Σ: *Sentença*
    F: $X_1 \rightarrow Y_1$
        $\vdots$
    $X_n \rightarrow Y_n$.

Podemos então representar esta gramática como uma máquina com um número finito de estados internos, incluindo um estado inicial e um estado final. Em seu estado inicial, ela pode produzir apenas o elemento *Sentença*, mudando para um novo estado. Então, ela poderá produzir qualquer sequência Y_i tal que *Sentença* $\rightarrow Y_i$ seja uma das regras de F em (27), movendo-se novamente para um novo estado. Suponhamos que Y_i seja a sequência ... X_j ... Então, a máquina pode produzir a sequência ... Y_j ... "aplicando" a regra $X_j \rightarrow Y_j$. A máquina procederá desta forma, de estado em estado, até que ela finalmente produza uma sequência terminal; é então a sequência final. A máquina produz então derivações, no sentido referido no capítulo 4. O importante aqui é que cada estado da máquina é completamente determinado pela sequência que ela produziu por último (isto é, pelo último passo da derivação); mais especificamente, cada estado é determinado pelo subconjunto de elementos X_i que estão contidos nesta sequência e que aparecem do lado esquerdo de alguma regra de F. Mas a regra (26) requer uma máquina mais poderosa, que possa "olhar para trás", para sequências anteriores na derivação, a fim de determinar como o próximo passo na derivação deve ser produzido.

A regra (26) também é fundamentalmente nova em um sentido diferente. Ela faz referência crucial a duas sentenças distintas, S_1 e S_2; mas em gramáticas do tipo [Σ, F], não há como incorporar uma tal referência dupla. O fato de a regra (26) não poder ser incorporada à gramática de estrutura sintagmática indica que, mesmo que esta forma de gramática não seja literalmente inaplicável ao inglês, certamente ela é inadequada, no sentido mais fraco – mas suficiente – que consideramos acima. Esta regra leva a uma simplificação considerável da gramática; na verdade, ela fornece um dos melhores critérios para se determinar como os constituintes são formados. Veremos que existem muitas outras regras do mesmo tipo geral de (26) que desempenham o mesmo papel duplo [22].

5.3 Na gramática (13), mostramos apenas uma maneira de analisar o elemento *Verbo*, a saber, como *hit* [chutou] (cf. (13vi)). Mas mesmo com a raiz verbal fixada (digamos, como *take* [pegar]), existem muitas outras formas que esse elemento pode assumir; por exemplo, *takes* [pega], *has + taken* [tem + pegado], *will + take* [vai + pegar][23], *has + been + taken* [tem + sido + pego], *is + being + taken* [está + sendo + pego] etc. O estudo desses "verbos auxiliares" revela-se crucial no desenvolvimento da gramática do inglês. Veremos que o comportamento deles é bastante regular e de simples descrição quando observado de um ponto de vista diferente do que desenvolvemos anteriormente, embora pareça ser bem complexo se tentamos incorporar esses sintagmas diretamente em uma gramática [Σ, F].

Considere primeiramente os auxiliares que aparecem não acentuados; por exemplo, "has" [tem] em "John has read the book" [literalmente: João tem lido o livro][24], mas não "does" [faz] em "John *does* read books" [literalmente: João faz ler livros][25]"[3]. Podemos descrever a ocorrência desses auxiliares em sentenças declarativas adicionando as seguintes regras à gramática (13):

(28) (i) $Verbo \rightarrow Aux + V$

(ii) $V \rightarrow hit$ [chutar], *take* [pegar], *walk* [caminhar], *read* [ler] etc.

(iii) $Aux \rightarrow C (M) (have + -en) (be + -ing)$
(be + -en)
$Aux \rightarrow C (M)$ (ter + -do) (estar + - ndo) (ser + -do)]

(iv) $M \rightarrow will$ [ir], *can* [poder], *may* [poder], *hall* [ir], *must* [dever]

(29) (i) $C \rightarrow \left\{ \begin{array}{l} \text{-}S \text{ no contexto } SN_{sing} - \quad [4] \\ \text{-}\emptyset \text{ no contexto } SN_{pl} - \\ \text{-}passado \end{array} \right\}$

(ii)   Seja *Af* qualquer um dos afixos: *-passado, -S, -Ø, -en, -ing*. Seja *v* qualquer *M* ou *V*, ou *have* ou *be* (isto é, qualquer não-afixo dentro do sintagma *Verbo*). Então:
$Af + v \rightarrow v + Af$ #, em que # é interpretado como fronteira de palavra[5].

---

3. Retornaremos, na seção 7.1 mais adiante, ao auxiliar "do" acentuado.

4. Estamos supondo aqui que a regra (13ii) foi estendida da maneira como mencionamos na nota 3 do capítulo 4 acima, ou de maneira semelhante.

5. Se estivéssemos formulando a teoria da gramática mais cuidadosamente, interpretaríamos # como o operador de concatenação no nível das palavras, enquanto + seria o operador de concatenação no nível da estrutura sintagmática. O conjunto de regras em (29)

(iii) Substitua + por # exceto no contexto v – Af. Insira # no início
e no final [26].

A interpretação das notações em (28iii) é a seguinte: devemos escolher o elemento *C* [de acordo com a regra (29i) a seguir] e podemos escolher zero ou mais dos elementos entre parênteses de acordo com a ordem estabelecida. Em (29i), podemos desenvolver *C* em qualquer um dos três morfemas, observando as restrições contextuais estabelecidas. Como exemplo da aplicação destas regras, construímos uma derivação no estilo de (14), omitindo as etapas iniciais.

(30) *the + man + Verbo + the + book*

de (13i-v)

the + man+ Aux + V + the + book

de (28i)

the + man + Aux + read + the + book

de (28ii)

the + man + C + have + -en + be + -ing + read + the + book

de (28iii) – selecionamos os
elementos C, *have + -en* e
be + -ing.

the + man + -S + have + -en + be + -ing + read + the +book

de (29i)

the + man + have + -S # be + -en # read + -ing # the + book

de (29ii) – três vezes.

 # the # man # have + -S # be+ -en # read+ -ing # the # book #

de (29iii)

---

seria então parte da definição de um mapeamento que transpõe determinados objetos do nível da estrutura sintagmática (basicamente, diagramas da forma (15)) para sequências de palavras. Cf. *The logical structure of linguistic theory* para uma formulação mais cuidadosa.

As regras morfofonêmicas (19) etc. irão converter a última linha desta derivação em:

(31) the man has been reading the book
    [o homem tem estado lendo o livro]
    "o homem esteve lendo o livro"

em transcrição fonêmica. Qualquer outro verbo auxiliar poderá ser gerado de maneira similar. Retornaremos depois à questão de saber se há restrições adicionais que devam ser colocadas nestas regras para que apenas sequências gramaticais sejam geradas. Repare, de passagem, que as regras morfofonêmicas devem incluir regras como as seguintes: *will* + -*S* → *will, will* + -*passado* → *would*. Estas regras podem ser excluídas se reescrevemos (28iii) de maneira que ou *C* ou *M* possa ser selecionado, mas não ambos. Com isso, entretanto, as formas *would* [ia], *could* [podia], *might* [podia], *should* [devia] teriam de ser adicionadas a (28iv), e certas regras de "sequência de tempos" tornar-se-iam mais complexas. É irrelevante para nossa discussão subsequente decidir qual destas alternativas de análise deve ser adotada. Diversas outras revisões de menor monta são também possíveis.

Repare que, para aplicar (29i) em (30), tivemos de contar com o fato de que *the* + *man* é um sintagma nominal singular, isto é, um SN_{sing}. Ou seja, tivemos de nos reportar a uma etapa anterior na derivação para determinar a estrutura de constituintes de *the* + *man*. (A alternativa que consiste em ordenar (29i) e a regra que desenvolve o SN_{sing} em *the* + *man* de tal forma que (29i) preceda essa última não é possível, por diversas razões, algumas das quais aparecem a seguir.) Então, a regra (29i), exatamente do mesmo modo que (26), vai além do caráter markoviano elementar das gramáticas de estrutura sintagmática e não pode ser incorporada dentro da gramática [Σ, F] [27].

A regra (29ii) viola os requisitos de gramáticas [Σ, F] de forma ainda mais severa. Ela também requer uma referência à estrutura de constituintes (isto é, à história da derivação) e, além disso, não há como expressar a inversão requerida em termos de estrutura sintagmática [28]. Repare que essa regra é útil em outros pontos da gramática, pelo menos no caso em que *Af* é -*ing* [morfema de gerúndio em inglês] [29]. Os morfemas *to* e -*ing* desempenham um papel semelhante dentro do sintagma nominal pelo fato de que ambos convertem sintagmas verbais em sintagmas nominais, resultando em frases como a seguinte, por exemplo:

$$(32) \begin{cases} to\ prove\ that\ theorem\ [\text{provar aquele teorema}] \\ proving\ that\ theorem\ [\text{provando aquele teorema}] \end{cases} \begin{cases} was\ difficult \\ [\text{foi difícil}] \end{cases}$$

    "provar aquele teorema foi difícil"

Podemos explorar esse paralelismo acrescentando a seguinte regra à gramática (13):

$$(33)\ SN \rightarrow \begin{cases} \text{-}ing \\ to \end{cases} SV$$

A regra (29ii) irá então converter -*ing* + *prove* + *that* + *theorem* em *proving* # *that* + *theorem* [30]. Uma análise mais detalhada do *SV* mostra que esse paralelismo vai muito além disso, na verdade.

O leitor pode concluir facilmente que, para duplicar o efeito de (28iii) e (29) sem ir além dos limites de um sistema [Σ, F] de estrutura sintagmática, seria necessário fornecer uma formulação bem mais complexa. Mais uma vez, como no caso da coordenação, percebemos que simplificações significativas da gramática são possíveis se nos for permitido formular regras de um tipo mais complexo do que as que correspondem ao sistema de análise de constituintes imediatos. Ao nos permitirmos a liberdade de (29ii), pudemos estabelecer a constituição do sintagma auxiliar em (28iii) sem levar em consideração a interdependência de seus elementos, e é sempre mais fácil descrever uma sequência de elementos independentes do que uma sequência de elementos que sejam mutuamente dependentes. Em outras palavras, no sintagma verbal auxiliar, nós realmente temos elementos descontínuos – por exemplo, em (30) os elementos *have ... -en* e *be ... -ing*. Mas descontinuidades não podem ser descritas por gramáticas $[\Sigma, F]$[6] [31]. Em (28iii), tratamos esses elementos como contínuos e introduzimos a descontinuidade com a regra adicional (29ii), bastante simples. Veremos adiante, no capítulo 7, que esta análise do elemento *Verbo* serve como base para uma análise abrangente e extremamente simples de diversos traços da sintaxe do inglês.

5.4 Como um terceiro exemplo da inadequação das noções expressas por gramáticas de estrutura sintagmática, considere o caso da relação ativa-passiva. As sentenças passivas são formadas pela seleção do elemento *be* + *-en* [ser + -do] na regra (28iii). Mas existem fortes restrições sobre esse

---

6. Poderíamos tentar estender a noção de estrutura sintagmática a fim de dar conta das descontinuidades. Apontou-se diversas vezes, entretanto, que dificuldades bastante sérias aparecem em qualquer tentativa sistemática de seguir nesta direção. Cf. meu artigo "System of syntactic analysis" (*Journal of Symbolic Logic*, 18, 1953, p. 242-256). • HOCKETT, C.F. "A formal statement of morphemic analysis" (*Studies in Linguistics*, 11, 1952, p. 27-39). • HOCKETT, C.F. "Two models of grammatical description". "Linguistics Today". *Word*, 1954, 10, p. 210-233. Da mesma forma, poder-se-ia tentar remediar algumas das outras deficiências de gramáticas $[\Sigma, F]$ através de uma análise mais complexa da estrutura sintagmática. Acredito que tal abordagem não seja recomendável e pode apenas levar ao desenvolvimento de regras *ad hoc* e elaborações infrutíferas. Aparentemente, as noções que fundamentam a estrutura sintagmática são bastante adequadas para uma pequena parte da língua; o restante da língua pode ser derivado pela aplicação sucessiva de um conjunto bem simples de transformações às sequências produzidas pela gramática de estrutura sintagmática. Se tentássemos estender a gramática sintagmática para que desse conta de toda a língua diretamente, perderíamos a simplicidade de uma gramática limitada da estrutura sintagmática e do desenvolvimento de um componente transformacional. Esta abordagem perderia o ponto principal da construção de níveis (cf. o primeiro parágrafo da seção 3.1), a saber, o de reconstruir a vasta complexidade das línguas reais, de maneira mais elegante e sistemática, fatorando a contribuição de diversos níveis linguísticos, sendo cada nível simples em si mesmo.

elemento, que fazem dele um caso único entre os elementos do sintagma auxiliar. Em primeiro lugar, *be* + *-en* pode ser selecionado apenas se o *V* seguinte for transitivo (p. ex., *was* + *eaten* é permitido, mas não *was* + *occurred*); já os outros elementos do sintagma auxiliar podem, com algumas exceções, ocorrer livremente com os verbos. Além do mais, *be* + *-en* não pode ser selecionado se o verbo *V* for seguido por um sintagma nominal, como em (30) (p. ex., em geral não podemos ter *SN* + *is* + *V* + *-en* + *SN*, mesmo quando o *V* é transitivo – não podemos ter "lunch is eaten John" [o almoço é comido o João]). Além disso, se o *V* for intransitivo e seguido por um sintagma preposicional *by* + *SN* [por + SN], então *devemos* selecionar *be* + *-en* (podemos ter "lunch is eaten by John" [o almoço é comido pelo João], mas não "John is eating by lunch" [o João está comendo pelo almoço] etc.). Finalmente, repare que, ao elaborarmos (13) em uma gramática completa, teremos de colocar diversas restrições à escolha do *V* em termos de sujeito e objeto, para permitir sentenças como "John admires sincerity" [o João admira a sinceridade], "sincerety frightens John" [a sinceridade assusta o João], "John plays golf" [o João joga golfe], "John drinks wine" [o João bebe vinho], e, ao mesmo tempo, excluir as não sentenças[7] "inversas" correspondentes, isto é, "sincerety admires John" [a sinceridade admira o João], "John frightens sincerity" [o João assusta a sinceridade], "golf plays John" [o golfe joga o João] e "wine drinks John" [o vinho bebe o João]. Contudo, toda essa rede de restrições falha completamente quando escolhemos *be* + *en* como parte do verbo auxiliar. Na verdade, nesse caso valem as mesmas dependências se-

---

7. Aqui também poderíamos utilizar alguma noção de níveis de gramaticalidade, tal como sugerimos anteriormente. Assim, "sincerity admires John" [a sinceridade admira o João], mesmo sendo claramente menos gramatical do que "John admires sincerety" [o João admira a sinceridade], é mais gramatical do que "of admires John" [de admira o João]). Eu acredito que uma noção operacionalizável de gradação de gramaticalidade possa ser desenvolvida em termos puramente formais (cf. *The logical structure of linguistic theory*), mas isso vai além dos limites da presente discussão. Cf. a seção 7.5 para uma demonstração ainda mais forte de que a inversão é necessária na construção passiva.

lecionais, mas na ordem oposta. Ou seja, para cada sentença $SN_1 - V - SN_2$ podemos ter uma sentença correspondente $SN_2 - is + Ven - by + SN_1$ [$SN_2 -$ é + Vdo – por + SN_1]. Se tentarmos incluir passivas diretamente na gramática (13), teremos de reformular todas essas restrições na ordem oposta para o caso em que be + -en é escolhido como parte do verbo auxiliar. Essa duplicação nada elegante, bem como as restrições especiais envolvendo o elemento be + -en, podem ser evitadas apenas se excluirmos deliberadamente as passivas da gramática de estrutura sintagmática e as reintroduzirmos por uma regra como a seguinte:

(34) Se S_1 é uma sentença gramatical da forma
$SN_1 - Aux - V - SN_2$,
então a sequência correspondente da forma
$SN_2 - Aux + be + -en - V - by + SN$
também é uma sentença gramatical.

Por exemplo, se John – C – admire – sincerity é uma sentença, então sincerety – C + be + -en – admire – by + John (que, por (29) e (19), se torna "sincerety is admired by John" [a sinceridade é admirada pelo João]) também é uma sentença.

Podemos agora deixar de lado o elemento be + -en de (28iii) e todas as restrições especiais relacionadas a ele. O fato de be + -en exigir um verbo transitivo, de não ocorrer antes de V + SN, de apenas ocorrer antes de V + by + SN (em que V seja transitivo) e inverter a ordem dos sintagmas nominais vizinhos é, em cada caso, uma consequência da regra (34). Essa regra leva então a uma considerável simplificação da gramática. Mas (34) está além dos limites de gramáticas [Σ, F]. Como na regra (29ii), (34) exige referência à estrutura de constituintes da sequência a que se aplica, e efetua, nesta sequência, uma inversão que é estruturalmente determinada.

5.5 Discutimos três regras ((26), (29) e (34)) que simplificam substancialmente a descrição do inglês, mas que não podem ser incorporadas em uma gramática da forma [Σ, F]. Existem muitas outras regras desse tipo, algumas das quais discutiremos adiante. Investigando um pouco mais as limitações das gramáticas de estrutura sintagmática com respeito ao inglês, podemos mostrar de maneira bastante conclusiva que essas gramáticas serão tão incorrigivelmente complexas que elas não terão o menor interesse, a menos que consigamos incorporar regras como (26), (29) e (34).

Se examinarmos cuidadosamente as implicações dessas regras suplementares, veremos, contudo, que elas nos levam a uma concepção inteiramente nova de estrutura linguística. Chamemos cada uma dessas regras de uma "transformação gramatical". Uma transformação gramatical T opera sobre uma determinada sequência (ou, como no caso de (26) [a regra da coordenação], sobre um conjunto de sequências) com uma certa estrutura de constituintes e a converte em uma nova sequência com uma nova estrutura de constituintes derivada. Mostrar exatamente *como* essa operação é executada requer um estudo bastante elaborado, que iria bem além do escopo da presente discussão, mas, com efeito, é possível desenvolver uma álgebra das transformações, um tanto complexa, mas razoavelmente natural, com as propriedades que parecem ser necessárias à descrição gramatical[8].

A partir desses poucos exemplos, já podemos detectar algumas propriedades essenciais de uma gramática transformacional. Em primeiro lugar, está claro que precisamos definir uma ordem de aplicação nessas transformações. A transformação da passiva (34), por exemplo, deve se aplicar *antes* das regras em (29). Ela deve preceder (29i) [32], em particular, para que o elemento verbal da sentença resultante tenha o mesmo número que o novo sujeito gramatical da sentença passiva [33].

---

8. Cf. meu artigo "Three models for the description of language" para uma breve descrição das transformações, e meu livro *The logical structure of linguistic theory* e *Transformational analysis* para um desenvolvimento detalhado da álgebra transformacional e das gramáticas transformacionais. Cf. HARRIS, Z.S. "Cooccurrence and transformations in linguistic structure" (*Language*, 33, 1957, p. 283-340), para uma abordagem um pouco diferente da análise transformacional.

E ela deve preceder a regra (29ii) [34] para que esta última se aplique de maneira correta ao novo elemento inserido pela passiva, o auxiliar *be* + *-en*. (Ao discutir a questão de (29i) poder ou não se encaixar em uma gramática [Σ, F], mencionamos que essa regra não poderia ser aplicada antes da regra que analisa SN_{sing} como *the* + *man* etc. Uma razão para isso é agora óbvia: (29i) deve se aplicar depois de (34), mas (34) deve se aplicar depois da análise do SN_{sing}, ou não teremos relações selecionais apropriadas entre o sujeito e o verbo, e entre o verbo e o "agente" na passiva.)

Em segundo lugar, observe que certas transformações são *obrigatórias*, enquanto outras são apenas *opcionais*. Por exemplo, (29) deve ser aplicada para todas as derivações, ou o resultado simplesmente não será uma sentença[9]. Mas (34), a transformação passiva, pode ou não ser aplicada em algum caso específico. Aplique-se ou não, o resultado será uma sentença. Por isso, (29) é uma transformação obrigatória, e (34) é uma transformação opcional.

Esta distinção entre transformações obrigatórias e opcionais nos leva a estabelecer uma distinção fundamental entre as sentenças da língua. Suponha que dispomos de uma gramática G com uma parte [Σ, F] e uma parte transformacional; e suponha que a parte transformacional possua algumas transformações obrigatórias e algumas transformações opcionais. Então, definimos o *núcleo* da língua [35] (em termos da gramática G) como o

---

9. Mas, das três partes de (29i), apenas a terceira é obrigatória. Ou seja, *passado* pode ocorrer depois de SN_{sing} ou SN_{pl}. Sempre que temos um elemento como *C* em (29i), que deve ser desenvolvido, mas talvez de diversas formas alternativas, podemos ordenar estas alternativas e tornar cada uma opcional, com exceção da última, que será obrigatória. [Comentário dos tradutores: Em síntese, a ideia que Chomsky está expressando aqui é a seguinte: verbos em inglês *devem* ter alguma flexão; essa flexão poderá ser *–s* se o sujeito for singular (e, nesse caso, deverá ser interpretada como "tempo presente", o que não está explícito na análise de Chomsky); ela poderá ser -Ø se um sujeito for plural (nesse caso, também será interpretada como "tempo presente"); finalmente, se não for nem *–s* nem -Ø, será obrigatoriamente o morfema de passado (no caso de verbos regulares, *-ed*). O que está sendo antecipado aqui é o que veio a ser chamado, posteriormente, de *Elsewhere Principle*: regras que se aplicam obrigatoriamente em contextos em que outras regras poderiam ter se aplicado, mas não o fizeram. Cf. KIPARSKY, P. "'Elsewhere' in Phonology". In ANDERSON, S. & KIPARSKY, P. (orgs.). *A Festshcrift for Morris Halle*. Nova York: Holt, Rinehart and Winston, 1973, p. 93-106.]

conjunto de sentenças que são produzidas quando aplicamos as transformações obrigatórias às sequências terminais da gramática [Σ, F]. A parte transformacional da gramática será formulada de tal maneira que as transformações possam se aplicar a sentenças nucleares (mais corretamente, às formas que subjazem às sentenças nucleares – isto é, às sequências terminais produzidas pela parte [Σ, F] da gramática) ou a estruturas já resultantes de transformações prévias. Assim, todas as sentenças da língua ou pertencerão ao núcleo da língua, ou serão derivadas, por meio da aplicação sucessiva de uma ou mais transformações, das sequências que subjazem a uma ou mais sentenças nucleares.

Essas considerações nos conduzem a uma concepção das gramáticas segundo a qual elas possuem uma organização tripartida por natureza. Correspondendo ao nível da estrutura sintagmática, uma gramática possui uma série de regras da forma $X \rightarrow Y$, e correspondendo a níveis inferiores ela possui uma série de regras morfofonêmicas com a mesma forma básica. Unindo essas duas séries de regras, uma gramática possui uma série de regras transformacionais. Assim, a gramática de uma língua natural será algo como (35):

(35) Σ: *Sentença:*

F:
$$\left.\begin{array}{l} X_1 \rightarrow Y_1 \\ \quad : \\ X_n \rightarrow Y_n \end{array}\right\} \text{Estrutura sintagmática}$$

$$\left.\begin{array}{l} T_1 \\ \; : \\ T_j \end{array}\right\} \text{Estrutura transformacional}$$

$$\left.\begin{array}{l} Z_1 \rightarrow W_1 \\ \quad : \\ Z_m \rightarrow W_m \end{array}\right\} \text{Morfofonêmica}$$

Para produzir uma sentença a partir de uma gramática como essa, construímos uma derivação estendida começando com *Sentença*. Aplicando sucessivamente as regras de F, construímos uma sequência terminal, isto é, uma sequência linear de morfemas, mas não necessariamente na ordem correta [36]. Percorremos, então, a sequência de transformações $T_1 \dots T_j$, aplicando todas as transformações obrigatórias e, talvez, algumas opcionais. Essas transformações podem reordenar as sequências, ou podem adicionar ou apagar morfemas. Como resultado, dão origem a uma sequência de palavras. Aplicamos, então, sucessivamente, as regras morfofonêmicas, convertendo essa sequência de palavras em uma sequência de fonemas [37].

O segmento da gramática correspondente à estrutura sintagmática incluirá regras como (13), (17) e (28). A parte transformacional incluirá regras como (26), (29) e (34), adequadamente formuladas em termos que devem ser desenvolvidos em uma teoria completa das transformações. A parte morfofonêmica incluirá regras como (19). Esse esboço do processo de geração de sentenças deve (e pode, facilmente,) ser generalizado para permitir um funcionamento adequado de regras como (26), que operam sobre um conjunto de sentenças, bem como para permitir a reaplicação de transformações, de modo que sentenças cada vez mais complexas possam ser produzidas.

Quando aplicamos somente transformações obrigatórias na geração de uma determinada sentença, chamamos a sentença resultante de sentença nuclear. Investigações mais profundas podem mostrar que, nas partes da gramática dedicadas à estrutura sintagmática e à morfofonêmica, também podemos extrair um esqueleto de regras obrigatórias que *devem* ser aplicadas sempre que as atingirmos no processo de geração de uma sentença. Nos últimos parágrafos do capítulo 4, observamos que as regras de estrutura sintagmática levam a uma concepção da estrutura linguística e da noção de "nível de representação" que é fundamentalmente diferente da que resulta das regras morfofonêmicas. Em cada um dos níveis inferiores correspondentes ao terço inferior da gramática, um enunciado é, geralmente, representado por uma única sequência de elementos. Mas a estrutura sintagmática não pode ser decomposta em subníveis: no nível da estrutura sintagmática, um enunciado é representado por um conjunto de sequências que não podem ser ordenados em níveis inferiores ou superiores. Esse conjunto de sequências estruturalmente representadas [38] é equivalente a um diagrama da forma (15). No nível transformacional, um enunciado é representado, de maneira ainda mais abstrata, em termos de uma sequência de transformações pelas quais ele é derivado, em última análise, a partir de sentenças nucleares (mais precisamente, de sequências que subjazem às sentenças nucleares). Há uma definição geral bastante natural de "nível linguístico" que inclui todos esses casos[10], e, como veremos mais tarde, há boas razões para considerar cada uma dessas estruturas como sendo um nível linguístico.

Quando a análise transformacional é adequadamente formulada, descobrimos que ela é, em essência, mais poderosa do que a descrição em termos de estrutura sintagmática, assim como esta última é, em essência, mais poderosa do que a descrição em termos de um processo markoviano de estados finitos que gera sentenças da esquerda para a direita. Em particular, línguas como (10iii), que estão além dos limites da descrição de estrutura sintagmática com regras livres de contexto, podem ser derivadas transformacionalmente[11]. É importante observar que a gramática é significativamente simplificada quando adicionamos um nível transformacional, uma vez que agora é necessário fornecer diretamente a estrutura sintagmática apenas para as sentenças nucleares – as sequências terminais da gramática $[\Sigma, F]$ são apenas aquelas que subjazem às sentenças nucleares. Escolhemos as sentenças nucleares de tal forma que as sequências terminais subjacentes ao núcleo são facilmente derivadas por meio de uma descrição $[\Sigma, F]$, enquanto todas as outras sentenças podem ser derivadas dessas sequências

---

10. Cf. *The logical structure of linguistic theory* e *Transformational analysis*.

11. Seja G uma gramática $[\Sigma, F]$ com a sequência inicial *Sentença* e com o conjunto de todas as sequências finitas de *as* e *bs* como seu *output* terminal. Tal gramática existe. Seja G' a gramática que contém G como sua parte de estrutura sintagmática, complementada pela transformação T que opera sobre qualquer sequência K que seja uma *Sentença* de G, convertendo-a em $K + K$. Então, o *output* de G' é (10iii).

terminais através de transformações que podem ser formuladas de modo simples. Vimos, e veremos novamente, diversos exemplos de simplificações resultantes da análise transformacional. Uma investigação sintática em larga escala do inglês fornece diversos outros casos.

Outro detalhe sobre gramáticas da forma (35) merece atenção, já que aparentemente suscitou alguma confusão. Descrevemos essas gramáticas como mecanismos para gerar sentenças. Essa formulação tem ocasionalmente levado à ideia de que existe certa assimetria na teoria gramatical, no sentido de que a gramática está levando em consideração o ponto de vista do falante mais do que o ponto de vista do ouvinte; que ela está preocupada com o processo de produção de enunciados mais do que com o processo "inverso" de analisar e reconstruir a estrutura de enunciados dados. Na verdade, gramáticas que têm a forma que estamos estudando aqui são bem neutras no que diz respeito à relação entre falante e ouvinte, síntese e análise de enunciados. Uma gramática não nos diz como sintetizar um certo enunciado, ou como analisar um enunciado particular dado. Na verdade, essas duas tarefas que o falante e o ouvinte devem desempenhar são essencialmente a mesma, e ambas estão fora do escopo de gramáticas da forma (35) [39]. Cada gramática desse tipo é simplesmente uma descrição de um determinado conjunto de enunciados, a saber, aqueles enunciados que são gerados por ela [40]. Com essa gramática, podemos reconstruir as relações formais que existem entre esses enunciados em termos de noções de estrutura sintagmática, estrutura transformacional etc. Talvez possamos esclarecer melhor o assunto fazendo uma analogia com uma parte da teoria química que se preocupa com os compostos estruturalmente possíveis. Pode-se dizer que essa teoria gera todos os compostos fisicamente possíveis, da mesma forma que uma gramática gera todos os enunciados gramaticalmente "possíveis". Poderia servir como base teórica para técnicas de análise qualitativa e síntese de compostos específicos, do mesmo modo como se poderia utilizar uma gramática no estudo de questões especiais como a análise e a síntese de enunciados específicos.

Capítulo 6

Sobre os objetivos da teoria linguística

6.1 Nos capítulos 3 e 4, dois modelos de estrutura linguística foram desenvolvidos: um modelo simples baseado na teoria da comunicação e uma versão formalizada da análise de constituintes imediatos. Ambos foram considerados inadequados; no capítulo 5, sugeri um modelo mais poderoso, combinando regras de estrutura sintagmática e transformações gramaticais que podem remediar essas inadequações. Antes de continuarmos a explorar essa possibilidade, eu gostaria de esclarecer alguns pontos de vista que subjazem à abordagem do presente estudo como um todo.

Nossa preocupação fundamental ao longo desta discussão sobre a estrutura linguística é o problema da justificação de gramáticas. Uma gramática da língua L é essencialmente uma teoria da língua L. Qualquer teoria científica se baseia em um número finito de observações; e o que ela procura fazer é estabelecer relações entre os fenômenos observados e prever novos fenômenos através da construção de leis gerais em termos de construtos teóricos hipotéticos, como acontece (p. ex., em física) com os conceitos de "massa" e "elétron". De maneira semelhante, uma gramática do inglês é baseada em um *corpus* finito de enunciados (observações) e conterá determinadas regras gramaticais (leis) formuladas em termos dos fonemas, sintagmas etc., particulares do inglês (construtos teóricos).

Essas regras expressam relações estruturais entre as sentenças do *corpus* e o número infinito de sentenças geradas pela gramática para além do *corpus* (previsões). Nosso problema é desenvolver e esclarecer os critérios para selecionar a gramática correta para cada língua, isto é, a teoria correta dessa língua.

Dois tipos de critérios foram mencionados na seção 2.1. Evidentemente, toda gramática terá de satisfazer algumas *condições externas de adequação*; por exemplo, as sentenças geradas terão de ser aceitáveis para um falante nativo. No capítulo 8, consideraremos diversas outras condições externas desse tipo. Além disso, postulamos uma *condição de generalidade* às gramáticas: exigimos que a gramática de uma determinada língua seja construída de acordo com uma teoria específica da estrutura linguística em que termos como "fonema" e "sintagma" sejam definidos independentemente de qualquer língua particular[1]. Se excluímos as condições externas ou a exigência de generalidade, não há nenhum modo de escolher entre um vasto número de "gramáticas" totalmente diferentes, todas compatíveis com um determinado *corpus*. Porém, como observamos na seção 2.1, esses requisitos em conjunto nos dão um teste de adequação bastante forte para uma teoria geral da estrutura linguística e para o conjunto de gramáticas que esta teoria fornece para línguas específicas.

Note que nem a teoria geral nem as gramáticas particulares às diferentes línguas recebem uma forma definitiva, nesta perspectiva. Progresso e revisão podem vir da descoberta de novos fatos sobre as línguas particulares, ou de *insights* puramente teóricos sobre a organização dos dados linguísticos – ou seja, de novos modelos para a estrutura linguís-

---

1. Eu presumo que essas duas condições são similares ao que Hjelmslev tem em mente quando fala da *adequação* e da *arbitrariedade* da teoria linguística. Cf. HJELMSLEV, L. *Prolegomena to a theory of language*. Baltimore: Indiana University Publications Anthropology and Linguistics, 1953, p. 8 [Memoir 7]. Em relação a isso, cf. tb. a discussão de Hockett sobre "metacritérios" para a linguística ("Two models of grammatical description". "Linguistics Today". *Word*, 10, p. 232-233).

tica. Mas não há qualquer circularidade nesta concepção. A qualquer momento, podemos tentar formular de maneira tão precisa quanto possível tanto a teoria geral como o conjunto de gramáticas a ela associadas, que devem se adequar às condições empíricas e externas de adequação.

Ainda não consideramos a seguinte pergunta crucial: Qual é a relação entre a teoria geral e as gramáticas particulares que são dela derivadas? Em outras palavras, que sentido tem a expressão "ser derivada da teoria geral", nesse contexto? É nesse ponto que nossa abordagem diverge significativamente de outras teorias sobre a estrutura linguística.

A exigência mais forte que se poderia colocar sobre a relação entre uma teoria da estrutura linguística e as gramáticas das línguas particulares é exigir que a teoria forneça um método prático e mecânico para que de fato se construa a gramática uma vez dado um *corpus* de enunciados. Digamos que uma tal teoria nos forneça um *procedimento de descoberta de gramáticas*.

Uma exigência mais fraca seria exigir que a teoria forneça um método prático e automático para determinar se a gramática proposta para um determinado *corpus* é ou não, de fato, a melhor gramática da língua para aquele *corpus*. Pode-se dizer de uma tal teoria, que não se preocupa com a questão de *como* essa gramática foi construída, que ela fornece um *procedimento de decisão* para gramáticas.

Uma exigência ainda mais fraca seria a de que, dado um *corpus* e duas propostas de gramática, G_1 e G_2, a teoria deve nos dizer qual das duas é a melhor gramática para a língua da qual o *corpus* foi retirado. Nesse caso, poderíamos dizer que teoria fornece um *procedimento de avaliação* para gramáticas.

Essas teorias podem ser representadas graficamente da seguinte maneira:

(36)

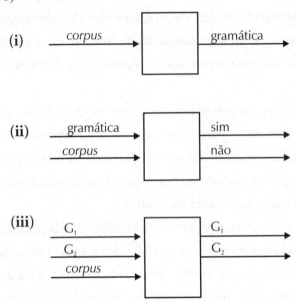

A figura (36i) representa uma teoria que é concebida como uma máquina que tem um *corpus* como *input* e uma gramática como *output*; por isso, trata-se de uma teoria que fornece um procedimento de descoberta. (36ii) é um mecanismo que possui uma gramática e um *corpus* como *inputs*, e que fornece as respostas "sim" ou "não" como *outputs*, conforme a gramática seja ou não a correta; por isso, ele representa uma teoria que fornece um procedimento de decisão para gramáticas. (36iii) representa uma teoria que possui as gramáticas G_1 e G_2 e um *corpus* como *inputs*, e apresenta como *output* a gramática escolhida entre G_1 e G_2 como a melhor; por isso, (36iii) representa uma teoria que fornece um procedimento de avaliação para gramáticas[2].

---

2. A questão básica com a qual estamos lidando aqui não irá se alterar se estivermos dispostos a aceitar que pode haver um pequeno conjunto de gramáticas que são corretas, em vez de apenas uma única gramática.

O ponto vista adotado aqui é que não é razoável exigir da teoria linguística que ela forneça algo além de um procedimento prático de avaliação das gramáticas. Ou seja, adotamos a posição mais fraca das três descritas antes. Da maneira como eu as interpreto, a maioria das propostas para o desenvolvimento de uma teoria linguística tenta satisfazer a exigência mais forte das três[3]. Ou seja, elas tentam formular métodos de análise que um investigador poderia realmente utilizar se tivesse tempo suficiente para construir uma gramática de uma língua partindo diretamente dos dados brutos. Acho muito questionável que esse objetivo possa ser atingido de alguma forma interessante, e suspeito que qualquer tentativa de alcançá-lo levará a um labirinto de procedimentos analíticos cada vez mais elaborados e complexos, que deixarão de responder muitas questões importantes sobre a natureza da estrutura linguística. Acredito que, ao rebaixarmos nossas perspectivas ao objetivo mais modesto de desenvolver um procedimento de avaliação de gramáticas, poderemos focalizar nossa atenção mais claramente nos problemas realmente importantes da estrutura linguística e poderemos chegar a respostas mais satisfatórias para eles. A correção desse

---

3. P. ex., BLOCH, B. "A set of postulates for phonemic analysis". *Language*, 24, 1948, p. 3-46. • CHOMSKY, N. "Systems of syntactic analysis". *Journal of Symbolic Logic*, 18, 1953, p. 242-256. • HARRIS, Z.S. "From phoneme to morpheme". *Language*, 31, 1955, p. 190-222 (1955). • HARRIS, Z.S. *Methods in structural linguistics*. Chicago, 1951. • HOCKETT, C.F. "A formal statement of morphemic analysis". *Studies in Linguistics*, 10, 1952, p. 27-39. • HOCKETT, C.F. "Problems of morphemic analysis". *Language*, 23, 1947, p. 321-343. • WELLS, R.S. "Immediate constituents". *Language*, 23, 1947, p. 81-117; e vários outros trabalhos. Ainda que os procedimentos de descoberta sejam o objetivo explícito desses trabalhos, quando examinamos bem, frequentemente descobrimos que a teoria que está sendo de fato construída não fornece mais do que um procedimento de avaliação das gramáticas. Por exemplo, Hockett descreve seu objetivo em "A formal statement of morphemic analysis" como o desenvolvimento de "procedimentos formais por meio dos quais se pode ir do nada a uma descrição completa do padrão de uma língua" (p. 27); mas o que ele realmente faz é descrever algumas das propriedades formais de uma análise morfológica e, a seguir, propor um "critério através do qual a eficiência relativa de duas soluções mórficas possíveis possam ser determinadas; com isso, podemos escolher a possibilidade mais eficiente, ou, de maneira arbitrária, qualquer uma das possibilidades que são igualmente eficientes, embora mais eficientes do que todas as outras possibilidades" (p. 29).

juízo – ou sua incorreção – só pode ser determinada pelo desenvolvimento e pela comparação efetivos de teorias desses diversos tipos. Repare, contudo, que a mais fraca das exigências acima descritas ainda é forte o suficiente para garantir que uma teoria que a satisfaça seja significativa. Existem poucas áreas da ciência em que se poderia considerar seriamente a possibilidade de se desenvolver um método geral, prático e mecânico para escolher entre diversas teorias, sendo todas compatíveis com os dados disponíveis.

No caso de cada uma dessas concepções da teoria linguística, qualificamos a caracterização do tipo de procedimento buscado com o termo "prático". Essa qualificação um tanto vaga é fundamental para uma ciência empírica. Suponha, por exemplo, que estivéssemos avaliando as gramáticas através de medições de alguma propriedade simples, como a sua extensão. Então, seria correto afirmar que temos um procedimento de avaliação prático de gramáticas, já que poderíamos contar o número de símbolos que cada gramática contém. E também seria literalmente correto afirmar que temos um procedimento de descoberta, já que poderíamos ordenar todas as sequências do conjunto finito de símbolos a partir do qual gramáticas específicas são construídas, e poderíamos testar cada uma dessas sequências para verificar se ela é uma gramática, com a certeza de que encontraremos a sequência adequada mais curta dentro de um tempo finito. Mas esse não é o tipo de procedimento de descoberta que têm em mente aqueles que tentam satisfazer a exigência forte que discutimos anteriormente.

Suponha que utilizemos o termo "simplicidade" para nos referir ao conjunto de propriedades formais das gramáticas que levaremos em consideração no momento de escolher uma entre elas. Haverá, então, três tarefas principais no tipo de programa que sugerimos para a teoria linguística. Primeiro, é necessário formular de maneira precisa (se possível, com testes operacionais e comportamentais) os critérios externos de adequação para gramáticas. Segundo, devemos caracterizar a forma das gramáticas de uma maneira geral e explícita, de modo que realmente possamos propor gramáticas dessa forma para línguas específicas. Terceiro, devemos analisar e definir a noção de simplicidade que pretendemos utilizar para escolher entre gramáticas, todas tendo a forma apropriada. A execução das duas últimas tarefas nos permitirá formular uma teoria geral da estrutura linguística em que noções como "fonema em L", "sintagma em L", "transformação em L" sejam definidas para uma língua L arbitrária em termos de propriedades físicas e distribucionais dos enunciados de L e em termos das propriedades formais das gramáticas de L[4]. Por exemplo, definiremos o conjunto de fonemas de L como um conjunto de elementos que possuam certas propriedades físicas e distribucionais e que apareçam na gramática mais simples de L. Dada uma tal teoria, podemos tentar construir gramáticas para línguas reais e podemos determinar se as gramáticas mais simples que somos capazes de encontrar (isto é, as gramáticas que a teoria geral nos leva a escolher) satisfazem as condições externas de adequação. Continuaremos a revisar nossas noções de simplicidade e nossa caracterização da forma das gramáticas até que as gramáticas selecionadas pela teoria de fato satisfaçam as condições externas[5]. Note que é possível que essa teoria não nos indique, de um modo prático, como concretamente dar cabo da tarefa de construir a gramática de uma língua a partir de um *corpus*. Mas ela deve nos dizer como avaliar tal gramática; ela deve, desse modo, nos permitir a escolha entre duas gramáticas propostas.

Nas seções anteriores deste estudo, estivemos preocupados com a segunda dessas três tarefas. Admitimos, por hipótese, que o conjunto de sen-

---

4. A teoria linguística irá então ser formulada em uma metalinguagem em relação à língua em que as gramáticas são escritas – uma metametalinguagem em relação a qualquer língua para que se constrói uma gramática.

5. Podemos também, na verdade, revisar os critérios de adequação ao longo de nossa pesquisa. Ou seja, podemos decidir que certos testes não se aplicam aos fenômenos gramaticais. O objeto de uma teoria não é completamente determinado *a priori* em uma investigação. Ele é parcialmente determinado pela possibilidade de dar conta de alguns fenômenos de maneira organizada e sistemática.

tenças gramaticais do inglês fosse dado e que dispúnhamos de uma noção de simplicidade, e tentamos determinar que tipo de gramática gerará exatamente as sentenças gramaticais de uma maneira simples. Para formular esse objetivo em termos um pouco diferentes, observamos anteriormente que uma das noções que devem ser definidas em uma teoria linguística geral é a de "sentença em L". Outros termos também serão definidos, como "enunciado observado em L", "simplicidade da gramática de L" etc. Desse modo, essa teoria geral preocupa-se em esclarecer a relação entre o conjunto de sentenças gramaticais e o conjunto de sentenças observadas. Nossa investigação da estrutura do primeiro conjunto constitui um estudo preparatório, procedendo da hipótese de que, antes que possamos caracterizar essa relação de maneira clara, teremos de saber muito mais sobre as propriedades formais de cada um desses conjuntos.

No capítulo 7 continuaremos a investigar a complexidade relativa de diversas maneiras de descrever a estrutura do inglês. Em particular, discutiremos se é possível, ou não, simplificar toda a gramática considerando uma certa classe de sentenças como sentenças nucleares ou como derivadas por transformações. Chegaremos assim a certas decisões sobre a estrutura do inglês. No capítulo 8, argumentaremos que existe evidência independente a favor de nosso método de selecionar gramáticas. Ou seja, tentaremos mostrar que as gramáticas mais simples satisfazem certas condições externas de adequação, enquanto as gramáticas mais complexas – que incorporam decisões diferentes sobre a atribuição de sentenças ao núcleo da língua etc. – não satisfazem tais condições. Esses resultados não podem ser mais do que sugestivos, no entanto, até que consigamos fornecer uma análise rigorosa da noção de simplicidade que adotamos. Acredito que tal análise possa ser fornecida, mas isso certamente iria além do escopo deste trabalho. Ainda assim, deveria estar bastante claro que, sob qualquer definição razoável de "simplicidade da gramática", a maior parte das decisões sobre complexidade relativa a que chegaremos adiante permanecerá válida[6].

Note que a simplicidade é uma medida *sistemática*; o único critério definitivo na avaliação é a simplicidade de todo o sistema. Ao discutir casos particulares, podemos apenas indicar como uma ou outra decisão afetará a complexidade geral. Essa validação pode no máximo ser tentativa, já que, ao simplificar uma parte da gramática, podemos complicar as demais. É quando descobrimos que a simplificação de uma parte da gramática leva a simplificações correspondentes de outras partes que percebemos que estamos realmente no caminho certo. Adiante, tentaremos mostrar que a análise transformacional mais simples de uma classe de sentenças muito frequentemente prepara o caminho para uma análise mais simples de outras classes de sentenças.

Em suma, jamais levaremos em consideração a questão de como se poderia ter chegado à gramática cuja simplicidade está sendo determinada; por exemplo, como se pôde descobrir a análise do sintagma verbal apresentada na seção 5.3. Questões desse tipo não são relevantes para o programa de investigação que esboçamos acima. Pode-se chegar a uma gramática pela intuição, por meio de suposições, de sugestões metodológicas parciais, por indução a partir de uma experiência passada etc. Não há dúvida de que é possível fornecer uma descrição organizada de diversos procedimentos úteis de análise, mas é questionável que esses possam ser formulados de maneira rigorosa, exaustiva e simples o suficiente para que sejam quali-

---

6. Cf. minha tese *The logical structure of linguistic theory* para uma discussão dos métodos de avaliação de gramáticas em termos de propriedades formais de simplicidade. Observe-se, incidentalmente, que não estamos negando a utilidade de processos de descoberta mesmo parcialmente adequados. Eles podem fornecer dicas valiosas ao linguista prático, ou podem levar a um conjunto pequeno de gramáticas que podem ser então avaliadas. Nosso ponto central aqui é que uma teoria linguística não deve ser identificada com um manual de procedimentos úteis, nem tampouco se deve esperar que ela forneça procedimentos mecânicos para a descoberta de gramáticas.

ficados como um procedimento prático e automático de descoberta. De qualquer forma, esse problema não se enquadra no escopo de nossas investigações no momento. Nosso objetivo principal é fornecer uma maneira objetiva, não intuitiva, de avaliar uma gramática uma vez que ela seja apresentada, e de compará-la com outras gramáticas propostas. Estamos, então, mais interessados em descrever a forma das gramáticas [41] (ou, de forma equivalente, na natureza da estrutura linguística) e em investigar as consequências empíricas de se adotar um determinado modelo da estrutura linguística, e menos interessados em demonstrar como, em princípio, se poderia chegar à gramática de uma língua.

6.2 Uma vez que tenhamos declinado qualquer intenção de encontrar um procedimento prático de descoberta das gramáticas, certos problemas que têm sido objeto de intensa controvérsia metodológica simplesmente não se colocam. Considere o problema da interdependência de níveis. Foi salientado, corretamente, o fato de que, se os morfemas são definidos em termos de fonemas, e, ao mesmo tempo, as considerações morfológicas são tidas como relevantes para a análise fonêmica, então a teoria linguística pode ser anulada por um problema real de circularidade. Contudo, a interdependência de níveis não leva necessariamente a circularidade. Nesse caso, por exemplo, podemos definir um "conjunto tentativo de fonemas" e um "conjunto tentativo de morfemas" independentemente, e podemos desenvolver uma relação de compatibilidade entre conjuntos tentativos de fonemas e conjuntos tentativos de morfemas. Podemos, então, definir um par formado por um conjunto de fonemas e um conjunto de morfemas para uma dada língua como um par compatível formado por um conjunto tentativo de fonemas e um conjunto tentativo de morfemas. Nossa relação de compatibilidade pode ser parcialmente formulada levando em conta considerações de simplicidade; ou seja, podemos definir os fonemas e os morfemas de uma língua como os fonemas e os morfemas tentativos que, entre outras coisas, conduzem de maneira conjunta à gramática mais simples da língua. Isso nos dá uma maneira perfeitamente direta de definir níveis interdependentes sem qualquer circularidade. Obviamente, isso não nos diz como *encontrar* os fonemas e os morfemas de maneira direta e automática. Mas nenhuma outra teoria fonêmica ou morfêmica satisfaz realmente essa forte exigência, e há poucas razões para acreditar que ela possa ser satisfeita de maneira significativa. Em todo o caso, quando tornamos nossos objetivos mais modestos, limitando-nos a desenvolver um procedimento de avaliação de gramáticas, pouca motivação permanece para qualquer objeção à mistura de níveis, e não há qualquer dificuldade em evitar a circularidade na definição de níveis interdependentes[7].

---

7. Cf. HARRIS, Z.S. *Methods in structural linguistics*. Chicago, 1951 (p. ex., *Appendix to 7.4, Appendix to 8.2*, cap. 9 e 12) para exemplos de procedimentos que conduzem a níveis interdependentes. Acredito que as objeções de Fowler aos procedimentos morfológicos de Harris (cf. *Language* 28, 1952, p. 504-509) podem ser satisfeitos sem dificuldade por uma formulação não circular do tipo da que acabamos de propor. Cf. HOCKETT, C.F. *A manual of phonology*. Baltimore, 1955: Indiana University Publications in Anthropology and Linguistics [Memoir 11]. • HOCKETT, C.F. "Two fundamental problems in phonemics". *Studies in Linguistics*, 7, 1949, p. 33. • JAKOBSON, R. "The phonemic and grammatical aspects of language and their interrelation". *Proceedings of the Sixth International Congress of Linguistics*. Paris, 1948, p. 5-18. • PIKE, K.L. "Grammatical prerequisites to phonemic analysis". *Word* 3, 1947, p. 155-172. • PIKE, K.L. "More on grammatical prerequisites" (*Word*, 8, 1952, p. 106-121), para discussão adicional sobre a interdependência dos níveis. Cf. tb. CHOMSKY, N.; HALLE, M. & LUKOFF, F. "On accent and juncture in English". *For Roman Jakobson* ('s-Gravenhage), 1956, p. 65-80. Bar-Hillel sugeriu em "Logical syntax and semantics", *Language* 30, p. 230-237 (1954), que as propostas de Pike podem ser formalizadas, sem a circularidade que muitos nelas detectam, através do uso de definições recursivas. Ele não persegue esta sugestão em detalhe, e meu pressentimento é que é pouco provável que tenhamos sucesso seguindo essa linha de raciocínio. Além do mais, se estivermos satisfeitos com um procedimento de avaliação de gramáticas, podemos construir níveis interdependentes com definições diretas apenas [Nota dos tradutores: isto é, sem recurso a definições recursivas], como vimos há pouco. O problema da interdependência dos níveis fonêmico e morfêmico não deve ser confundido com a questão sobre se a informação morfológica é exigida para a leitura de uma transcrição fonêmica [Nota dos tradutores: isto é, para a realização concreta, fonética, de uma representação fonêmica em uma sequência de sons]. Mesmo que considerações morfológicas sejam consideradas relevantes para determinar os fonemas de uma língua, pode ainda ser o caso de que a transcrição fonêmica forneça regras de "leitura" completas, sem qualquer referência a outros níveis. Cf. CHOMSKY, N.; HALLE, M. & LUKOFF, F. "On accent and juncture in English". Op. cit., para discussão e exemplos.

Muitos problemas de análise morfêmica também recebem soluções bem simples se adotamos o quadro geral de suposições que esboçamos há pouco. Ao tentar desenvolver procedimentos de descoberta de gramáticas, somos naturalmente levados a considerar morfemas como classes de sequências de fonemas, isto é, como tendo "conteúdo" fonêmico real, num sentido quase literal. Isso nos leva a problemas em casos bem conhecidos, como o da forma verbal "took" /tuk/ [pegou] em inglês, em que é difícil associar, sem artificialidade, qualquer parte dessa palavra com o morfema de tempo passado, que aparece como /t/ em "walked" /wɔkt/ [caminhou], como /d/ em "framed" /freymd/ [modelou] etc [42]. Podemos evitar esse tipo de problema se entendermos a morfologia e a fonologia como sendo dois níveis diferentes, ainda que interdependentes, relacionados na gramática por meio de regras morfofonêmicas como (19). Assim, "took" será representado no nível morfológico como *take+passado* da mesma forma que "walked" será representado como *walk+passado*. As regras morfofonêmicas (19ii) e (19v) convertem, respectivamente, essas sequências de morfemas em /tuk/ e /wɔkt/. A única diferença entre os dois casos é que (19v) é uma regra muito mais geral do que (19ii)[8]. Se desistirmos da ideia de que os níveis superiores são literalmente construídos a partir dos elementos de nível inferior, como acredito que devemos

---

8. Hockett fornece uma apresentação bastante clara desta abordagem dos níveis em seu *A manual of phonology*, 1955, p. 15. Em "Two models of grammatical description" ("Linguistics Today". *Word*, 10, 1954, p. 210-233), Hockett rejeitou uma solução muito parecida com a que apresentamos aqui, argumentando que "*took* e *take* são parcialmente similares em forma fonêmica, assim como o são *baked* e *bake*, e são similares em significado também do mesmo modo; esse fato não deveria ser obscurecido" (p. 224). Mas a similaridade de significado não é obscurecida em nossa formulação, já que o morfema *passado* aparece na representação morfêmica tanto de "took" como de "baked". E a semelhança no formato fonêmico pode ser salientada na formulação da regra morfofonêmica que converte *take+passado* em /tuk/. Formularemos essa regra, sem dúvida, como

$$ey \rightarrow u \text{ no contexto } t - k + passado$$

no enunciado morfofonêmico. Isso permitirá que simplifiquemos a gramática através de uma generalização que dará evidência ao paralelo entre "take–took", "shake–shook" [balançar–balançou], "forsake–forsook" [renunciar – renunciou] e, de maneira mais geral, "stand–stood" [durar – durou] etc.

fazer, então se torna muito mais natural admitir que mesmo sistemas de representação tão abstratos como a estrutura transformacional (em que cada enunciado é representado pela sequência de transformações pelas quais é derivado a partir de uma sequência terminal gerada pelas regras de estrutura sintagmática) constituam um nível linguístico.

Não somos realmente obrigados a abandonar as esperanças em encontrar um procedimento de descoberta prático ao adotarmos seja a perspectiva de que os níveis são interdependentes, seja a concepção de que os níveis linguísticos são sistemas abstratos de representação relacionados apenas por regras gerais. Contudo, creio que seja inquestionável que a oposição à mistura de níveis, assim como a ideia de que cada nível é literalmente construído a partir de elementos de níveis inferiores, tenham sua origem na tentativa de se desenvolver um procedimento de descoberta de gramáticas. Se renunciarmos a esse objetivo e se distinguirmos claramente entre um manual de procedimentos sugestivos e úteis, de uma lado, e uma teoria da estrutura linguística, de outro, então não há muita razão para manter qualquer uma dessas posições duvidosas.

Existem muitas outras perspectivas comumente aceitas que parecem perder muito de seu apelo se formulamos nossos objetivos da maneira como acabamos de sugerir. Assim, às vezes se argumenta que o trabalho em teoria sintática é prematuro neste momento [43] porque muitos dos problemas que aparecem sobre os níveis inferiores de fonêmica e morfologia não estão resolvidos. É bem verdade que os níveis superiores da descrição linguística dependem de resultados obtidos nos níveis inferiores. Mas há sentido em dizer que o inverso também é verdadeiro. Por exemplo, vimos antes que seria absurdo, ou mesmo completamente impossível, formular princípios de formação de sentenças em termos de fonemas ou morfemas, mas apenas o desenvolvimento de níveis superiores, como o da estrutura sintagmática, pôde indicar que essa tarefa fútil não precisa ser seguida nos níveis inferiores[9]. De

---

9. Cf. CHOMSKY, N.; HALLE, M. & LUKOFF, F. "On accent and juncture in English".

forma similar, argumentamos que a descrição da estrutura da sentença por uma análise de constituintes não terá sucesso se for levada além de determinados limites. Mas somente o desenvolvimento do nível ainda mais abstrato das transformações pode preparar o terreno para o desenvolvimento de uma técnica mais simples e adequada de análise de constituintes com limites mais estreitos. A gramática de uma língua é um sistema complexo com muitas e variadas interconexões entre suas partes. Para que se desenvolva uma parte da gramática de maneira completa, frequentemente é útil, ou mesmo necessário, ter um quadro de qual seria o caráter do sistema como um todo. Mais uma vez, acredito que seja completamente insustentável a ideia de que a teoria sintática deva esperar a solução de problemas da morfologia e da fonologia, independentemente de que se tenha ou não preocupação com o problema de procedimentos de descoberta. Acredito que tal ideia tenha sido alimentada por uma analogia defeituosa entre a ordem do desenvolvimento da teoria linguística e a ordem presumida das operações na descoberta da estrutura gramatical.

Op. cit., para uma discussão da possibilidade de que as considerações sobre os níveis superiores, incluindo a morfologia, a estrutura sintagmática e as transformações, são relevantes para a seleção de uma análise fonêmica.

Capítulo 7

Algumas transformações em inglês

7.1 Após a digressão sobre os objetivos da teoria linguística, podemos retornar à investigação das consequências de se adotar a abordagem transformacional na descrição da sintaxe do inglês. Nosso objetivo é limitar o núcleo [44] de tal forma que as sequências terminais subjacentes às sentenças nucleares sejam derivadas por um sistema simples de estrutura sintagmática e possam fornecer a base a partir da qual todas as sentenças possam ser derivadas por transformações simples: transformações obrigatórias no caso do núcleo, e transformações obrigatórias *e* opcionais no caso de sentenças não nucleares.

Para especificar de maneira explícita uma transformação, devemos descrever a análise das sequências a que ela se aplica e a mudança estrutural que ela efetua nessas sequências[1]. Assim, a transformação passiva se aplica a sequências da forma *SN – Aux – V – SN* e tem o efeito de intercambiar os dois sintagmas nominais, adicionando a preposição *by* [por] antes do último sintagma nominal, bem como *be + -en* [ser + -do] ao *Aux* (cf. (34)). Considere agora a introdução do *not* ou *n't* em *Aux*. A maneira mais simples de descrever a negação é por meio de uma transformação que se aplica antes de (29ii) e introduz *not* ou *n't* depois do segundo morfema do sintagma dado por (28iii), se esse sintagma contiver pelo menos dois morfemas, ou depois

---

1. Para uma discussão mais detalhada da especificação das transformações em geral e de transformações específicas, cf. as referências citadas na nota 8, p. 63.

do primeiro morfema, se ele contiver somente um morfema [45]. Assim, essa transformação T_{neg} opera em sequências que são analisadas em três segmentos, de acordo com uma das maneiras abaixo descritas:

(37) (i) $SN - C - V$ ...
     (ii) $SN - C + M - $ ...
     (iii) $SN - C + have - $ ...
     (iv) $SN - C + be - $ ...

Em (37) os símbolos são como em (28) e (29), e é irrelevante o que as reticências representam. Dada uma sequência analisada em uma dessas formas, a T_{neg} adiciona *not* (ou *n't*) depois do segundo segmento da sequência. Por exemplo, aplicada à sequência terminal *they – -Ø + can – come* (um caso de (37ii)), a T_{neg} produzirá *they – -Ø + can + n't – come* (e, finalmente, "they can't come" [eles não podem vir]); aplicada à sequência *they – -Ø + have + -en – come* (um caso de (37iii)), ela produzirá *they – -Ø + have + n't + -en – come* (e, finalmente, "they haven't come" [eles não vieram]); aplicada a *they – -Ø + be + -ing – come* (um caso de (37iv)), ela produzirá *they – -Ø + be + n't + -ing – come* (e, finalmente, "they aren't coming" [eles não estão vindo]). A regra funciona de maneira adequada, então, quando selecionamos os últimos três casos de (37).

Suponha agora que selecionemos um caso de (37i), isto é, uma sequência terminal como

(38)   *John – -S – come.*

Que poderia dar a sentença nuclear "John comes" [o João vem], a partir de (29ii). Aplicada à sequência (38), a T_{neg} produz:

(39)   *John – -S + n't – come.*

No entanto, havíamos especificado que a T_{neg} se aplicava antes de (29ii), que tem o efeito de reescrever de *Af* + *v* como *v* + *Af* #. Contudo, vemos que (29ii) não se aplica de maneira alguma a (39), já que (39) não contém agora qualquer sequência *Af* + *v*. Adicionemos então a seguinte regra transformacional obrigatória à gramática, uma regra que se aplica *depois* de (29):

(40) # *Af* → # *do* + *Af*

em que *do* [fazer] é o mesmo elemento que o verbo principal em "John does his homework" [o João faz o tema de casa]. (Cf. (29iii) para introdução do #.) O que (40) diz é que *do* é introduzido como o "portador" de um afixo não afixado [46]. Aplicando (4) e as regras morfológicas a (39), derivamos "John doesn't come" [o João não vem]. As regras (37) e (40) agora nos permitem derivar todas as formas gramaticais de sentenças negativas e apenas elas.

Tal como formulado acima, o tratamento transformacional da negação é relativamente mais simples do que qualquer tratamento alternativo baseado em regras da estrutura sintagmática. A vantagem do tratamento transformacional (em relação à inclusão de sentenças negativas no núcleo da língua [47]) se tornaria bem mais clara se pudéssemos encontrar outros casos em que as mesmas formulações (isto é, (37) e (40)) fossem necessárias por razões independentes. E, de fato, esses casos existem.

Considere a classe de perguntas com respostas "yes-or-no" [sim-ou-não], tal como "Have they arrived?" [Eles chegaram?], "Can they arrive?" [Eles podem chegar?], "Did they arrive?" [Eles chegaram?]. Podemos gerar todas (e apenas) essas sentenças através de uma transformação T_{int} [48] que opera sobre sequências com a análise (37) e tem o efeito de intercambiar o primeiro e o segundo segmentos dessas sequências, tal como esses segmentos são definidos em (37). É preciso que a T_{int} se aplique *depois* de (29i) e *antes* de (29ii).

Aplicada às sequências:

(41) (i)   *they – -Ø – arrive*
      (ii) *they – -Ø + can – arrive*
      (iii) *they – -Ø + have – -en + arrive*
      (iv) *they – -Ø + be – -ing + arrive*

que têm a forma de (37i-iv), a T_{int} produz as sequências

(42) (i)   *-Ø – they – arrive*
      (ii) *-Ø + can – they – arrive*
      (iii) *-Ø + have – they – -en + arrive*
      (iv) *-Ø + be – they – -ing + arrive.*

Aplicando agora as regras obrigatórias (29ii, iii) e (40) e depois as regras morfofonêmicas, derivamos

(43) (i)   do they arrive
      (ii) can they arrive
      (iii) have they arrived
      (iv) are they arriving

em transcrição fonêmica. Se tivéssemos aplicado as regras obrigatórias diretamente a (41), sem a intervenção da T_{int}, teríamos derivado as sentenças:

(44) (i)   they arrive
      (ii) they can arrive
      (iii) they have arrived
      (iv) they are arriving

Assim, (43i-iv) são as contrapartes interrogativas de (44i-iv) [49].

No caso de (42i), *do* é introduzido pela regra (40) como o portador de um elemento não afixado -Ø. Se C tivesse sido desenvolvido em -S ou -*passado* pela regra (29i), a regra (40) teria inserido *do* como o portador desses elementos, e nós teríamos sentenças como "Does he arrive?" [Ele chega?], "Did he arrive?" [Ele chegou?]. Repare que nenhuma regra morfofonêmica nova é necessária para dar conta do fato de que *do* + Ø → /duw/, *do* + -S → /dəz/, *do* + -*passado* → /did/; precisamos dessas regras para dar conta das formas de *do* como verbo principal, de qualquer maneira. Repare também que a T_{int} deve se aplicar depois de (29i), ou a flexão verbal de número não será corretamente assinalada em sentenças interrogativas.

Ao analisarmos o sintagma verbal auxiliar nas regras (28) e (29), consideramos -S como sendo o morfema de terceira pessoa do singular e -Ø como o morfema afixado ao verbo para todas as outras formas do sujeito. Assim, o verbo tem -S se o sujeito tem -Ø ("the boy arrives" [o garoto chega]), e o verbo tem -Ø se o sujeito tem -S ("the boys arrive" [os garotos chegam]). Uma alternativa que não consideramos foi a de eliminar o morfema zero e afirmar simplesmente que *nenhum* afixo ocorre se o sujeito não for da terceira pessoa do singular. Podemos ver agora que essa alternativa não é aceitável. Precisamos ter o morfema -Ø, caso contrário não haverá nenhum afixo em (42i) para que *do* o utilize, e a regra (40) não poderá, dessa forma, se aplicar a (42i). Existem vários outros casos em que a análise transformacional fornece razões convincentes a favor ou contra a postulação da existência de morfemas zero. Como exemplo negativo, considere a hipótese de que os verbos intransitivos sejam analisados como verbos com objeto zero. A transformação passiva (34) converteria, por exemplo, "John – slept – Ø" [o João – dormiu – Ø] na não sentença "Ø – was slept – by John", isto é, "was slept by John" [foi dormido pelo João]. Por isso, essa análise dos intransitivos deve ser rejeitada. Retornaremos ao problema mais geral do papel das transformações na determinação da estrutura de constituintes na seção 7.6.

O ponto fundamental sobre a transformação interrogativa T_{int} é que quase nada precisa ser acrescentado à gramática a fim de que possamos formulá-la. Já que tanto a subdivisão da sentença que ela impõe quanto a regra de introdução de *do* são exigidas independentemente para a negação, precisamos apenas descrever a inversão efetuada por T_{int} para estender a gramática a fim de dar conta das perguntas de resposta "yes-or-no". Em outras palavras, a análise transformacional revela o fato de que as negativas e as interrogativas têm basicamente a mesma "estrutura", e isso pode ser usado para simplificar a descrição da sintaxe do inglês.

Ao tratarmos do sintagma dos verbos auxiliares, não consideramos as formas do elemento *do* que recebem acento enfático, como em "John *does* come [50]" [o João realmente vem] etc. Suponha que criássemos um morfema *A* de acento contrastivo a que se aplicasse a seguinte regra morfofonêmica.

(45)   ... *V*... + *A* → ... *V̋* ... ,   em que " indica acento enfático.

Podemos agora estabelecer uma transformação T_A que impõe a mesma análise estrutural de sequências que T_{neg} (isto é, (37)), e que adiciona *A* a essas sequências exatamente na mesma posição em que T_{neg} adiciona *not* ou *n't*. Então, assim como T_{neg} produz sentenças como

(46)   (i)   John doesn't arrive   (de *John # -S +*
                                          n't # arrive, através de (40))

         (ii)   John can't arrive   (de *John # -S +*
                                          can + n't # arrive)

         (iii)   John hasn't arrived   (de *John # -S +*
                                          have + n't # -en + arrive)

T_A produz as sentenças correspondentes:

(47)   (i)   John *does* arrive   (de *John # -S +*
                                          A # arrive, através de (40))

         (ii)   John *can* arrive   (de *John # -S +*
                                          can + A # arrive)

(iii)   John *has* arrived   (de *John # -S +*

have + A # -en + arrive).

Assim, a T_A é uma transformação de "afirmação enfática" que enfatizar as afirmações "John arrives" [o João chega], "John can arrive" [o João pode chegar], "John has arrived" [o João chegou] etc., da mesma maneira que T_{neg} permite que sejam negadas. Essa é formalmente a solução mais simples, e parece estar intuitivamente correta, também.

Ainda existem outros exemplos de transformações que são determinadas pela mesma análise sintática básica de sentenças, a saber, (37). Considere a transformação T_{so} que converte os pares de sequências de (48) nas sequências correspondentes de (49):

(48)   (i)   *John – -S – arrive, I – -Ø – arrive*
       (ii)   *John – -S + can – arrive, I – -Ø + can – arrive*
       (iii)   *John – -S + have + -en + arrive, I – -Ø – have – -en + arrive*

(49)   (i)   *John – -S – arrive – and – so – -Ø – I*
       (ii)   *John – -S + can – arrive – and – so – -Ø + can - I*
       (iii)   *John – -S + have – -en + arrive – and – so – -Ø + have – I*

Aplicando as regras (29ii, iii), (40) e as regras morfofonêmicas, derivamos finalmente as seguintes sentenças [51]:

(50)   (i)   John arrives and so do I.
               [o João vai, e eu também (vou).]
       (ii)   John can arrive and so can I.
               [o João pode ir, e eu também (posso).]
       (iii)   John has arrived and so have I.
               [o João tinha ido, e eu também (tinha).]

T_{so} opera na segunda sentença de cada par em (48), primeiro trocando o terceiro segmento da sentença por *so* e depois intercambiando o primeiro e o terceiro segmentos. (O elemento *so* é, desse modo, um pro-*SV*, mais ou menos no mesmo sentido em que *he* [ele] é um pronome.) A transformação T*so* se combina com a transformação da coordenação para dar (49). Embora não tenhamos, com isso, descrito esse processo com o grau de detalhe necessário, parece claro que tanto a análise (37) das sentenças que serão transformadas quanto a regra (40) são novamente fundamentais. Assim, não é preciso quase nada de novo na gramática para incorporar sentenças como (50): são formadas sobre o mesmo padrão transformacional subjacente que as negativas, as interrogativas e as afirmativas enfáticas.

Há outra indicação notável do caráter fundamental dessa análise que merece atenção aqui. Considere as sentenças nucleares abaixo:

(51)　　(i)　　John has a chance to live　　[o João tem uma chance de viver]

　　　　(ii)　　John is my friend　　[o João é meu amigo].

As sequências terminais subjacentes a (51) são as seguintes:

(52)　　(i)　　*John + C + have + a + chance + to + live*

　　　　(ii)　　*John + C + be + my + friend*

em que *have* em (52i) e *be* em (52ii) são verbos principais, não auxiliares. Considere agora como as transformações T_{neg}, T_{int} e T_{so} se aplicam a essas sequências subjacentes. A transformação T_{neg} se aplica a qualquer sequência da forma (37), adicionando *not* ou *n't* entre o segundo e o terceiro segmentos, tais como dados em (37). Mas (52i) é, na verdade, uma realização seja de (37i), seja de (37iii). Logo, T_{neg} aplicada a (52i) produzirá ou (53i), ou (53ii):

(53)　　(i)　　*John – C – n't – have + a + chance + to + live*

　　　　　　　　(→ "John doesn't have a chance to live")

(ii)   *John – C + have + n't – a chance + to + live*
(→ "John hasn't a chance to live")
[João não tem qualquer chance de viver].

Mas, na verdade, ambas as formas de (53) são gramaticais. Além disso, *have* é o único verbo transitivo para o qual esta negação ambígua é possível [52], assim como é o único verbo transitivo que pode ser analisado ambiguamente nos termos de (37). Ou seja, temos "John doesn't read books" ['João não lê livros', com auxiliar *do*], mas não "John readsn't books" ['João não lê livros', sem auxiliar *do*].

De modo similar, T_{int} aplicada a (52i) produzirá qualquer uma das formas de (54) abaixo, e T_{so} produzirá qualquer uma das formas de (55), já que essas transformações também são baseadas na análise estrutural (37).

(54)   (i)   Does John have a chance to live?
(ii)   Has John a chance to live?
[O João tem alguma chance de viver?]

(55)   (i)   Bill has a chance to live and so does John.
(ii)   Bill has a chance to live and so has John.
[O Bill tem uma chance de
viver, e o João também tem.]

Mas no caso de todos os outros verbos transitivos, formas como (54ii) e (55ii) são impossíveis. Não temos em inglês "reads John books?" [literalmente, 'lê o João livros'] ou "Bill reads books and so reads John" [literalmente, 'o Bill lê livros e assim lê o João']. Percebemos, assim, que o comportamento aparentemente irregular do verbo "have" é, na verdade, uma consequência automática de nossas regras. Isso resolve o problema mencionado anteriormente, na seção 2.3, sobre a gramaticalidade de (3) mas não de (5).

Considere agora (52ii). Ainda não demonstramos isso, mas de fato é verdade que, na gramática sintagmática mais simples possível do inglês, não há qualquer razão para incorporar "be" na classe dos verbos; isto é, de uma tal gramática não se poderá deduzir que *be* seja um *V*. Assim como uma das formas do sintagma verbal é *V + SN*, uma das formas é *be + Predicado* [53]. Por isso, ainda que *be* não seja um auxiliar em (52ii), é, não obstante, verdade que, das análises permitidas por (37), somente (37iv) se aplica a (52ii). Portanto, as transformações T_{neg}, T_{int}, e T_{so} (juntamente com (29i)), quando aplicadas a (52ii), produzem respectivamente:

(56) (i)   *John − -S + be + n't − my + friend*
          (→ "John isn't my friend")

  (ii) *-S + be − John − my + friend*
          (→ "is John my friend")

  (iii) *Bill − -S + be − my+ friend − and −*
       so − -S + be − John
          (→ "Bill is my friend and so is
          John").

Mais uma vez, as formas análogas (p. ex., "John readsn't books" etc.) são impossíveis com verbos reais. De modo similar, a transformação T_A produz "John *is* here" em vez de "John *does* be here", como seria o caso com verbos reais.

Se tentássemos descrever a sintaxe do inglês somente com regras de estrutura sintagmática, as formas "be" e "have" surgiriam como exceções distintas e proeminentes. Mas acabamos de ver que são exatamente essas formas aparentemente excepcionais que resultam de modo automático da gramática mais simples que conseguimos construir para dar conta dos casos regulares. Por isso, esse comportamento de "be" e "have" acaba se revelando como mais uma das manifestações de uma regularidade subjacente mais profunda, quando consideramos a estrutura do inglês a partir do ponto de vista da análise transformacional.

Note que a ocorrência de *have* como um auxiliar em sequências terminais como *John + C + have + -en + arrive* (subjacente à sentença nuclear "John has arrived") não está sujeita à mesma análise ambígua. Essa sequência terminal é um exemplo de (37iii), mas não de (37i). Ou seja, ela pode ser analisada como em (57i), mas não como em (57ii).

(57) (i) *John – C + have – -en + arrive*
           (= *SN – C + have – ...* , isto é, (37iii))
      (ii) *John – C – have + -en + arrive*
           (= *SN – C – V ...* , isto é, (37i)).

Essa sequência não é um exemplo de (37i), já que *essa ocorrência* de *have* não é um *V*, ainda que algumas outras ocorrências de *have* (p. ex., em (52i) acima) sejam *V*s. A estrutura sintagmática de uma sequência terminal é determinada por sua derivação, que pode ser recuperada pela reconstrução de segmentos até os nós de que derivam, da maneira descrita na seção 4.1. Mas *have*, em (57), não pode ser reconstruído até um nó que seja rotulado como *V* na derivação dessa sequência. Já a sequência (52i) pode ser analisada de maneira ambígua, pois a ocorrência de *have* em (52i) pode ser reconstruída até um nó *V* e, obviamente, pode ser rastreada até um *have* (que é ele mesmo) [54], no diagrama correspondente à derivação da sequência (52i). O fato de (57ii) não ser uma análise possível nos impede de derivar não sentenças como "John doesn't have arrived" ['João não tinha chegado', com *do*], "does John have arrived" ['João tinha chegado?' com *do*] etc.

Nesta seção, vimos que uma ampla variedade de fenômenos aparentemente distintos se organiza de uma maneira bem simples e natural quando adotamos o ponto de vista da análise transformacional; vimos também que, em consequência disso, a gramática do inglês se torna muito mais simples e ordenada. Esse é o requisito básico que deve ser satisfeito por qualquer concepção da estrutura linguística (isto é, qualquer modelo para a forma das gramáticas). Acho que essas considerações justificam amplamente nosso argumento anterior de que as concepções da estrutura linguística baseadas exclusivamente na estrutura sintagmática são fundamentalmente inadequadas, e que a teoria da estrutura linguística deve ser elaborada seguindo as linhas sugeridas em nossa discussão sobre a análise transformacional.

7.2 Podemos estender facilmente a análise das interrogativas que estudamos anteriormente de maneira que elas incluam os casos como:

(58) (i) What did John eat? [o que o João comeu?]
      (ii) Who ate an apple? [quem comeu uma maçã?]

Esses casos não recebem respostas do estilo "yes-or-no" [sim-ou-não]. A maneira mais simples de incorporar essa classe de sentenças em nossa gramática é criando uma nova regra de transformação opcional T_w, que opera em qualquer sequência da forma

(59) $X - SN - Y$

em que X e Y representam qualquer sequência (incluindo, em particular, a sequência "nula" – isto é, a primeira ou a terceira posições podem estar vazias). T_w opera em duas etapas:

(60) (i) T_{w1} converte as sequências da forma $X - SN - Y$ na sequência correspondente de forma $SN - X - Y$; isto é, ela inverte o primeiro e o segundo segmentos de (59). Ela tem, portanto, o mesmo efeito transformacional que a transformação T_{int} (cf. (41) e (42)).

(ii) T_{w2} converte a sequência resultante $SN - X - Y$ em $who - X - Y$ se o SN for animado ou em $what - X - Y$ se o SN for inanimado[2] [55].

---

2. Mais simplesmente, podemos limitar a aplicação de T_w a sequências da forma $X - SN - Y$ em que o SN seja *he* [ele], *him* [-o, pronome oblíquo átono de terceira pessoa do singular] ou *it* [pronome de terceira pessoa do singular neutra], e podemos definir T_{w2} como a trans-

Agora impomos a condição de que a transformação T_w possa se aplicar somente a sequências a que a transformação T_{int} já tenha se aplicado. Já havíamos especificado que T_{int} deve se aplicar depois de (29i) e antes de (29ii). T_w se aplica depois da T_{int} e antes de (29ii), sendo condicionada pela T_{int} no sentido em que ela somente se aplica a formas geradas por T_{int}. Essa dependência condicional entre transformações é uma generalização da distinção entre transformações obrigatórias e opcionais que podemos introduzir facilmente na gramática e que se revela essencial. A sequência terminal subjacente a (58i) e (58ii) (assim como a (62) e (64)) é (61)

(61) *John – C – eat + an + apple (SN – C – V...)*,
          [João – C – comer + uma + maçã]

em que os travessões indicam a análise imposta pela T_{int}. Assim, (61) é um caso de (37i), como indicado. Se aplicássemos apenas transformações obrigatórias a (61), escolhendo *-passado* para desenvolver *C* por meio de (29i), derivaríamos

(62) *# John # eat + -passado # an # apple #*
                    (→ "John ate an apple") [o João comeu uma maçã]

Se aplicarmos (29i) e T_{int} a (61), derivaremos

(63) *-passado – John – eat + an + apple,*

em que *C* é entendido como sendo *-passado*. Se aplicarmos agora (40) a (63), introduzindo *do* como o portador de *-passado*, teremos a interrogativa simples

---

formação que converte qualquer sequência *Z* em *wh + Z*, em que *wh* é um morfema. Na morfofonêmica do inglês, teremos regras como *wh + he* → *who* /huw/, *wh + him* → *whom* /huwm/, *wh + it* → *what* /wat/.

(64) Did John eat an apple?   [o João comeu uma maçã?]

No entanto, se aplicarmos T_w a (63), derivaremos primeiro (65), por meio de T_{w1}, e depois (66), por T_{w2}.

(65)   *John – -passado – eat + an + apple*

(66)   *who – -passado – eat + an + apple*

A regra (29ii) e as regras morfofonêmicas convertem, então, (66) em (58ii). Para formar (58ii), então, aplicamos primeiramente T_{int} e depois T_w à sequência terminal (61), que subjaz à sentença nuclear (62). Repare que, nesse caso, T_{w1} simplesmente desfaz o efeito da T_{int}, o que explica a ausência da inversão em (58ii).

Para aplicar a transformação T_w a uma sequência, primeiro selecionamos um sintagma nominal e depois invertemos esse sintagma nominal com a sequência que o precede. Ao formarmos (58ii), aplicamos T_w a (63), escolhendo o sintagma nominal *John*. Suponhamos agora que aplicamos T_w a (63) escolhendo o sintagma nominal *an+apple* [uma + maçã]. Assim, para os propósitos dessa transformação, analisamos (63) como (67):

(67)   *-passado + John + eat – an + apple,*

uma sequência da forma (59), em que *Y* é, nesse caso, vazio. Aplicando T_w a (67), derivamos primeiro (68), a partir de T_{w1}, e depois (69), por T_{w2}.

(68)   *an + apple – -passado + John + eat*

(69)   *what – -passado + John + eat*

(29ii) não se aplica agora a (69), assim como não se aplicava a (39) ou a

(42i), já que (69) não contém uma subsequência da forma *Af* + *V*. Assim, (40) se aplica a (69), introduzindo *do* como um portador do morfema *passado*. Aplicando as regras restantes, finalmente derivamos (58i).

T_w, tal como formulada em (59)-(60), também dará conta de outras perguntas-*wh*, como "What will he eat?" [o que ele comerá?], "What has he been eating?" [o que ele tem comido?]. Ela pode facilmente ser estendida para cobrir interrogativas como "What book did he read?" [que livro ele leu?] etc.

Note que T_{w1}, tal como definida em (60i), efetua a mesma transformação que T_{int}; ou seja, ela inverte os primeiros dois segmentos da sequência a que ela se aplica. Não discutimos ainda o efeito das transformações na entoação. Suponha que estabelecêssemos duas entoações básicas para as sentenças: entoações descendentes, que associamos às sentenças nucleares; e entoações ascendentes, que associamos às perguntas do tipo "yes-or-no" [sim-ou-não]. Então, o efeito da T_{int} é, em parte, converter a entoação de um desses tipos para o outro; por isso, no caso de (64), o efeito converte uma entoação descendente para uma entoação ascendente. No entanto, vimos que T_{w1} se aplica somente depois de T_{int}, e seu efeito transformacional é o mesmo que o da T_{int}. Por isso, T_{w1} irá converter a entoação ascendente para uma entoação descendente. Parece razoável aceitar essa explicação para o fato de que as interrogativas (58i-ii) normalmente têm a entoação descendente das declarativas. Há diversos problemas se estendermos nossa discussão para os fenômenos entoacionais, e essa observação não passa de um esboço; mas ela sugere que tal discussão pode ser frutífera.

Para resumir, vemos que as quatro sentenças

(70) (i) John ate an apple.   [O João comeu uma maçã.] (= (62))

(ii) Did John eat an apple? [O João comeu uma maçã?] (= (64))

(iii) What did John eat?   [O que o João comeu?] (= (58i))

(iv) Who ate an apple?   [Quem comeu uma maçã?] (= (58ii)) são todas derivadas da sequência terminal subjacente (61). (70i) é uma sentença nuclear, uma vez que apenas as transformações obrigatórias participam de sua "história transformacional". (70ii) é formada de (61) pela aplicação da transformação T_{int}. (70iii) e (70iv) são ainda mais remotas da sentença nuclear, já que elas são formadas a partir de (61) pela aplicação, primeiro, de T_{int} e, depois, de T_w. Faremos referência a essa análise brevemente na seção 8.2.

7.3 Na seção 5.3, mencionamos que existem certos sintagmas nominais da forma *to* + *SV* e da forma *-ing* + *SV* ("to prove that theorem" [provar aquele teorema], "proving that theorem" [provar/provando aquele teorema] – cf. (32)-(33)). Entre eles, temos sintagmas como "to be cheated" [ser traído], "being cheated" [ser/sendo traído], que são derivados de passivas. Mas as passivas foram excluídas do núcleo da língua. Por isso, os sintagmas nominais do tipo *to* + *SV* e *-ing* + *SV* não podem mais ser introduzidos dentro da gramática nuclear por regras sintagmáticas como (33). Eles devem, então, ser introduzidos através de uma "transformação nominalizadora" que converte uma sentença da forma *SN – SV* em um sintagma nominal da forma *to* + *SV* ou da forma *ing* + *SV*[3]. Não discutiremos aqui a estrutura desse interessante e ramificado conjunto de transformações de nominalização; faremos apenas um breve esboço de um explicação de cunho transformacional para o problema levantado na seção 2.3.

Uma das transformações nominalizadoras será a transformação T_{adj}, que opera sobre qualquer sequência da forma

---

3. Essa transformação nominalizadora será dada como uma transformação generalizada, tal como (26). Ela operará sobre um par de sentenças, convertendo uma das quais de *SN – SV* para *to* + *SV* (ou *-ing* + *SV*) que, então, substituindo um *SN* na outra sentença. Cf. os meus *The logical structure of linguistic theory* e *Transformational analysis* para uma discussão mais detalhada. Para uma análise mais completa e mais adequada do material nesta subseção, cf. meu artigo "A transformational approach to syntax". *Proceedings of the University of Texas Symposyum of 1958*.

(71) $Art - N - is - Adj$ (isto é, Artigo – Substantivo – is [é] – Adjetivo)

convertendo-a no sintagma nominal correspondente da forma $Art + Adj + N$. Assim, ela converte "the boy is tall" [o garoto é alto] em "the tall boy" [o garoto alto] etc [56]. Não é difícil demonstrar que essa transformação simplifica consideravelmente a gramática e que sua direção deve ser essa e não a oposta [57].

Quando formulamos essa transformação de maneira adequada, descobrimos que ela nos permite eliminar do núcleo da língua todas as combinações adjetivo-substantivo, reintroduzindo-as através da T_{adj}.

Na gramática sintagmática, temos uma regra

(72) $Adj \rightarrow old, tall, ...$ [velho, alto,...]

que lista todos os elementos que podem ocorrer nas sentenças nucleares da forma (71). Palavras como "sleeping" [dormindo], contudo, não irão figurar nessa lista, ainda que tenhamos sentenças como:

(73) The child is sleeping.   [A criança está dormindo.]

A razão disso é que, ainda que "sleeping" [dormindo] não esteja listado em (72), (73) é gerado pela transformação (29ii) (que converte $Af + v$ em $v + Af \#$) a partir da sequência terminal subjacente

(74) $the + child + C + be - -ing - sleep$

            [a + criança + C + estar – -ndo – dormir],

em que $be + -ing$ é parte do verbo auxiliar (cf. (28iii)). Paralelamente a (73), temos sentenças como "the child will sleep" [a criança vai dormir], "the child sleeps" [a criança dorme] etc., com diferentes escolhas para o verbo auxiliar.

Palavras como "interesting" [interessante] deverão, no entanto, figurar na lista (72). Em sentenças como

(75) the book is interesting   [o livro é interessante],

"interesting" é um *Adj*, não parte do *Verbo*, como podemos verificar pelo fato de não termos "the book will interest" [o livro vai interessar], "the book interests" [o livro interessa] etc [58].

Um argumento independente para essa análise de "interesting" e "sleeping" vem do comportamento de "very" [muito] etc., que pode ocorrer com certos adjetivos, mas não com outros. A maneira mais simples de dar conta de "very" é colocar a seguinte regra na gramática de estrutura sintagmática do inglês:

(76) *Adj* → *very + Adj*

"very" pode aparecer em (75), e em geral com "interesting"; mas não pode aparecer em (73) ou com outras ocorrências de "sleeping" [59]. Logo, se desejarmos preservar a análise mais simples de "very", devemos incluir "interesting", mas não "sleeping" na lista de adjetivos em (72).

Não discutimos a maneira como as transformações impõem uma estrutura de constituintes, ainda que tenhamos sugerido que isso seja necessário, especialmente para que as transformações possam ser combinadas. Uma das condições gerais impostas à estrutura de constituintes derivada será a seguinte:

(77) Se X é um Z pela gramática sintagmática, e uma sequência Y formada por uma transformação tem a mesma forma estrutural que X, então Y também é um Z.

Em particular, mesmo no caso de as passivas serem excluídas do núcleo da língua, queremos afirmar que o *by-phrase* (como em "the food was eaten – by the man" [a refeição foi comida – pelo homem]) [60] é um sintagma preposicional (*SP*) na sentença passiva. Vemos que (77) permite que isso aconteça, já que sabemos, pela gramática nuclear, que *by* + *SN* é um *SP*. (77) está formulada de maneira suficientemente acurada, mas pode ser elaborada como uma das condições que constituem um conjunto mais amplo de condições impostas à estrutura de constituintes derivada [61].

Mas considere agora (73). A palavra "sleeping" é formada por transformação (isto é, (29ii)) e tem a mesma forma que "interesting" (isto é, é um *V* + -*ing*), que, como sabemos pela gramática de constituintes, é um *Adj*. Logo, por (77), "sleeping" também é um *Adj* na sentença transformada (73). Mas isso significa que (73) pode ser analisada como uma sequência da forma (71), de forma que a T_{adj} pode se aplicar a ela, formando o sintagma nominal

(78) the sleeping child   [a criança adormecida [62]]

exatamente do mesmo modo que forma "the interesting book" [o livro interessante] a partir de (75). Assim, ainda que "sleeping" seja excluído de (72), ele aparecerá como um adjetivo modificando substantivos.

Essa análise de adjetivos (que é tudo de que precisamos para dar conta das sentenças que efetivamente ocorrem) não introduzirá, contudo, a palavra "sleeping" em todas as posições de adjetivos de palavras como "interesting", que permanecem no núcleo da língua. Por exemplo, "sleeping" jamais será introduzida no contexto "very ___" [muito ___]. Já que "very" nunca modifica verbos, não irá aparecer em (74) ou (73), e todas as ocorrências de "sleeping" como modificador são derivadas de sua ocorrência como verbo em (74) etc. Da mesma forma, haverá regras de estrutura sintagmática que analisarão o sintagma verbal em

(79) *Aux* + *seem* + *Adj*

exatamente do mesmo modo que outras regras analisam o *SV* em *Aux* + *V* + *SN, Aux* + *be* + *Adj* etc. Mas "sleeping" nunca será introduzido no contexto "seems __" [parece __] por essa gramática, que é aparentemente a gramática mais simples que pode ser construída para as sentenças que efetivamente ocorrem.

Quando desenvolvemos com mais cuidado o argumento que acabamos de esboçar, chegamos à conclusão de que a gramática transformacional mais simples excluirá (80) ao mesmo tempo em que gerará (81).

(80)   (i)   the child seems sleeping   [a criança parece dormindo] [63]
       (ii) the very sleeping child   [a criança muito dormindo]

(81)   (i)   the book seems interesting   [o livro
                                           parece interessante]
       (ii) the very interesting book   [o livro muito interessante]

Vemos, então, que as aparentes distinções arbitrárias que notamos na seção 2.3 entre (3) ("Have you a book on modern music?" [Você tem um livro sobre música moderna?]) e (4) (= (81i)), por um lado, e (5) (= "Read you a book on modern music?" [Leu você um livro sobre música moderna?]) e (6) (= (80i)), por outro, têm uma origem estrutural clara e são, na verdade, casos particulares de uma regularidade de nível superior, já que são consequências da gramática transformacional mais simples. Em outras palavras, certos comportamentos linguísticos que parecem ser imotivados e inexplicáveis em termos de estrutura sintagmática tornam-se simples e sistemáticos quando adotamos o ponto de vista transformacional. Para utilizarmos a terminologia da seção 2.2, se um falante tivesse de projetar sua experiência linguística finita utilizando regras de estrutura sintagmática e transformações da maneira mais simples possível e de modo consistente com sua experiência, ele incluiria (3) e (4) como gramatical, ao mesmo tempo em que rejeitaria (5) e (6).

7.4 Em (28), na seção 5.3, analisamos o elemento *Verbo* em *Aux + V* e listamos, então, as raízes verbais da classe *V*. Existe, contudo, um grande número de subconstruções produtivas de *V* que merecem nossa atenção, já que elas trazem à luz alguns pontos básicos de maneira muito clara. Considere primeiramente as construções verbo + partícula (*V + Prt*) do tipo de "bring in" [lit. "trazer para dentro", fig. "prender"], "drive away" (lit. "dirigir para longe", fig. "afugentar") [64].

Com tais construções, podemos ter formas como (82), mas não como (83).

(82) (i)   the police brought in the criminal
                   [A polícia trouxe para dentro o criminoso]
      (ii)   the police brought the criminal in
                   [A polícia trouxe o criminoso para dentro]
      (iii) the police brought him in
                   [A polícia trouxe-o para dentro]

(83)   the police brought in him
                   [A polícia trouxe para dentro ele] [65].

Sabemos que a distribuição de elementos descontínuos não é facilmente descrita por meio de regras sintagmáticas. Por isso, a maneira mais natural de analisar esse tipo de construção é, primeiramente, adicionar a seguinte possibilidade a (28ii):

(84) $V \rightarrow V_1 + Prt$

Juntamente com (84), devemos adicionar um conjunto de regras suplementares, que indicam quais V_1 são compatíveis com cada *Prt*. A seguir, para possibilitar (82ii), estabelecemos uma transformação opcional T^{bpc}_{sep} [66], que opera em sequências com a seguinte análise estrutural:

(85) $X - V_1 - Prt - SN$

e tem o efeito de intercambiar o terceiro e o quarto segmentos da sequência a que se aplica [67]. Ela converte, então, (82i) em (82ii). Para incluir (82iii), excluindo ao mesmo tempo (83), devemos indicar que essa transformação é obrigatória quando o *SN* objeto é um pronome (*Pron*). Da mesma forma, poderíamos estabelecer uma transformação obrigatória T^{bbr}_{sep} que tenha os mesmos efeitos estruturais de T^{bpc}_{sep}, mas que opere em sequências com a seguinte análise estrutural:

(86) $X - V_1 - Prt - Pron$

Sabemos que a transformação passiva opera em qualquer sequência da forma *SN – Verbo – SN*. Se especificarmos que a transformação passiva se aplica antes de T^{bpc}_{sep} ou de T^{bbr}_{sep}, então ela formará as passivas

(87) (i)   the criminal was brought in by the police

               [o criminoso foi trazido para dentro pela polícia]

      (ii)   he was brought in by the police

               [ele foi trazido para dentro pela polícia]

a partir de (82), como deveria.

Estudo adicional do sintagma verbal mostra que há uma construção geral da forma verbo + complemento (*V + Comp*) que se comporta de maneira bastante semelhante à construção verbo + partícula que acabamos de discutir. Considere as seguintes sentenças:

(88)   everyone in the lab considers John incompetent

          [todos no laboratório consideram João incompetente]

(89)   John is considered incompetent by everyone in the lab

          [João é considerado incompetente por todos no laboratório].

Se desejamos derivar (89) a partir de (88) utilizando a transformação passiva, devemos analisar (88) como uma estrutura da forma $SN_1 - Verbo - SN_2$, em que $SN_1 = todos + no + laboratório$, e o $SN_2 = John$. Isto é, devemos aplicar a passiva não a (88), mas à sequência terminal (90), que subjaz a (88):

(90)   everyone in the lab – considers incompetent – John
         [todos no laboratório – consideram incompetente – João]

Agora podemos formar (88) a partir de (90) por uma transformação análoga a T^{obr}_{sep}. Suponha que adicionemos a regra (91) à gramática sintagmática, juntamente com (84).

(91) $V \rightarrow V_a + Comp$

Podemos estender agora a transformação T^{obr}_{sep} para permitir que ela se aplique a sequências da forma (92), assim como a sequências da forma (86), como antes.

(92) $X - V_a - Comp - SN$

Essa transformação T^{obr}_{sep} revista converterá (90) em (88). Assim, o tratamento das construções de verbo + complemento e de verbo + partícula são bastante similares. A primeira, em particular, é uma construção extremamente bem desenvolvida em inglês[4].

---

4. Estudo adicional mostra que a maioria das formas verbo + complemento introduzidas pela regra (91) deveriam ser excluídas do núcleo da língua e deveriam ser derivadas transformacionalmente a partir de "João é incompetente" etc. Porém, esse é um tema complexo, que requer um desenvolvimento muito mais detalhado da teoria transformacional do que aquele que podemos oferecer aqui. Cf. os meus *The logical structure of linguistic theory*, *Transformational analysis* e "A transformational approach to syntax". Existem muitas outras características dessas construções pelas quais passamos aqui apenas muito rapidamente. Não é de modo algum claro que envolvam uma transformação obrigatória. Com objetos longos e complexos, podemos ter, por exemplo, "they consider incompetent anyone who is

7.5 Nós mal esboçamos uma justificativa para a forma particular de cada uma das transformações que discutimos, embora seja muito importante estudar a questão da especificidade desse sistema. Acredito que se possa mostrar que, em cada um dos casos considerados anteriormente, e em muitos outros, há considerações de simplicidade muito claras e facilmente generalizáveis que determinam qual conjunto de sentenças pertence ao núcleo da língua e quais tipos de transformações são necessários para dar conta das sentenças não nucleares. Como um exemplo paradigmático, reestudaremos brevemente o *status* da transformação passiva.

Na seção 5.4, mostramos que a gramática é muito mais complexa quando do contém tanto ativas como passivas em seu núcleo do que quando passivas introduzidas por uma transformação que troque o sujeito e o objeto da ativa entre si e substitua o verbo *V* por *is* + *V* + *-en* + *by* [*é* + *V* + *-do* + *por*]. Disso surgem imediatamente duas questões sobre especificidade. Em primeiro lugar, perguntamos se é necessário intercambiar os sintagmas nominais para formar a passiva. Em segundo lugar, perguntamos se as passivas poderiam ter sido escolhidas como a construção que pertence ao núcleo da língua, e as ativas como a construção derivada a partir delas por uma transformação "ativa".

Considere primeiro a questão sobre o intercâmbio entre sujeito e objeto. É necessário? Ou poderíamos descrever a transformação passiva como tendo o seguinte efeito:

(93) $SN_1 - Aux - V - SN_2$ é reescrita como $SN_1 - Aux - be + en - V - by + SN_2$

---

unable to ..." [eles consideram incompetente qualquer um que não seja capaz de ...]. Assim, poderíamos estender a transformação T^{bpc}_{sep} para lidar com esse caso, ao invés de utilizar a T^{bbr}_{sep}. É interessante estudar quais propriedades do objeto gramatical que exigem ou excluem essa transformação. Muito mais do que o comprimento do objeto está envolvido nela. Há também outras possibilidades para as passivas que não consideraremos aqui por falta de espaço, ainda que constituam um estudo interessante.

Por exemplo, a passiva de "João ama Maria" seria "João é amado por Maria".

Na seção 5.4, argumentamos contra (93) e a favor do intercâmbio com base no fato de que temos sentenças como (94), mas não como (95).

(94) (i)   o João admira a sinceridade   –   a sinceridade é admirada pelo João

      (ii)   o João joga golfe   –   golfe é jogado pelo João

      (iii) a sinceridade assusta o João   –   o João é assustado pela sinceridade

(95) (i)   a sinceridade admira o João   –   o João é admirado pela sinceridade

      (ii)   o golfe joga o João   –   o João é jogado pelo golfe

      (iii) o João assusta a sinceridade   –   a sinceridade é assustada pelo João.

No entanto, assinalamos que essa abordagem requer que se desenvolva uma noção de "grau de gramaticalidade" a fim de sustentar essa distinção. Acredito que essa abordagem está correta e que, em um sentido claro, as sentenças de (94) são mais gramaticais que as sentenças de (95), que, por sua vez, são mais gramaticais que sentenças como "a sinceridade admira comeu" etc. Qualquer gramática que distinga substantivos abstratos de substantivos próprios seria sutil o suficiente para caracterizar a diferença entre (94i, iii) e (95i, iii), por exemplo, e certamente uma teoria linguística deve fornecer os meios para tal distinção. Contudo, uma vez que não tratamos da questão da análise categorial nessa discussão, é interessante mostrar que há um argumento ainda mais forte contra (93). Na verdade, qualquer gramática que possa distinguir singular de plural é poderosa o suficiente para nos permitir provar que a passiva exige o intercâmbio dos sintagmas nominais.

Para ver isso, considere a construção verbo + complemento discutida na seção 7.4. Além de (88) e (89), temos sentenças como as seguintes:

(96)   all the people in the lab consider John a fool
        [todas as pessoas no laboratório consideram o João um bobo]

(97)   John is considered a fool by all the people in the lab
        [o João é considerado um bobo por todas as pessoas no laboratório]

Em 7.4, vimos que (96) é formada pela transformação T^{obr}_{sep} a partir da sequência subjacente

(98)   all the people in the lab – consider a fool – John (*SN – Verbo – SN*),

com o *Verbo* "consider a fool" [consideram um tolo] sendo um caso particular de (91). Vimos também que a transformação passiva se aplica diretamente a (98). Se a passiva permuta o sujeito e o objeto, ela formará corretamente (97) a partir de (98) como passiva de (96). Se, no entanto, adotarmos (93) como a definição da passiva, iremos derivar uma não sentença.

(99)   all the people in the lab are considered a fool by John
        [todas as pessoas no laboratório são consideradas um bobo pelo João]

pela aplicação dessa transformação a (98).

O que interessa é que encontramos um verbo – a saber, "consider a fool" [considerar um tolo] – que deve concordar em número tanto com seu sujeito como com seu objeto[5]. Tais verbos provam de maneira bastante conclusiva que a passiva deve basear-se em uma inversão entre sujeito e objeto.

---

5. A concordância entre "a fool" e "John" em (98) é, evidentemente, um argumento da análise transformacional mais profunda para as construções verbo + complemento + sintagma nominal que mencionamos na nota 4 do presente capítulo.

Considere agora a questão sobre se as passivas poderiam ser consideradas sentenças do núcleo da língua, ao invés das ativas. É fácil perceber que
essa proposta nos leva a gramáticas muito mais complexas. Tendo as ativas como sentenças nucleares, a gramática sintagmática incluirá (28) com
be + -en [ser + -do] sendo eliminado de (28iii). Mas, se as passivas forem
sentenças nucleares, *be + -en* terá de ser listado em (28iii), juntamente com
todas as outras formas do auxiliar, e nós teremos de acrescentar regras especiais que indiquem que, se o *V* é intransitivo, ele não pode ter o auxiliar
be + -en (isto é, não podemos ter "is occurred" [é ocorrido]), e se o *V* for
transitivo, ele deve ter *be + -en* (isto é, não podemos ter "lunch eats John"
[o almoço come o João]). Comparando essas duas alternativas, não resta
dúvida no que diz respeito à complexidade relativa; e somos forçados a
considerar as ativas, e não as passivas, como sentenças nucleares.

Repare que, se as passivas fossem escolhidas como sendo as sentenças
nucleares no lugar das ativas, enfrentaríamos certas dificuldades de um
tipo bastante diferente. A transformação da ativa teria de se aplicar a sequências da seguinte forma:

(100) $N_1 - Aux + be + -en - V - by + SN_2,$

convertendo-as em $SN_2 - Aux - V - SN_1$. Ela iria converter, por exemplo,

(101) the wine was drunk by the guests
      [o vinho foi bebido pelos convidados]

em "the guests drank the wine" [os convidados beberam o vinho], em que
"drunk" em (101) tem origem em *-en + drink* [-do + beber]. Mas, em inglês, existe também o adjetivo "drunk" [bêbado], que deve estar listado em
(72) juntamente com "old" [velho], "interesting" [interessante] etc., uma
vez que temos "he is very drunk" [ele está muito bêbado], "he seems drunk"

[ele parece bêbado] etc. (cf. a seção 7.3). E esse adjetivo também será originado a partir de *-en + drink*. Parece, então, que, no sistema mais simples de estrutura sintagmática para o inglês, a sentença

(102) John was drunk by midnight
      [João estava bêbado pela meia-noite]

também tem como base uma sequência terminal subjacente que pode ser analisada de acordo com (100). Em outras palavras, não há qualquer maneira estrutural de diferenciar apropriadamente (101) de (102) se ambas forem considerados sentenças nucleares. E, no entanto, a aplicação da transformação "ativa" a (102) não resulta em uma sentença gramatical.

Quando tentamos efetivamente estabelecer, para o inglês, a gramática mais simples contendo uma parte sintagmática e uma parte transformacional, descobrimos que o núcleo do inglês consiste de sentenças simples, ativas, declarativas (de fato, provavelmente um número finito destas) e que todas as demais sentenças podem ser descritas mais simplesmente como sentenças transformadas. Pode-se mostrar que cada uma das transformações que eu investiguei é irreversível no sentido de que é muito mais fácil aplicá-la em uma direção do que em outra, exatamente como no caso da transformação passiva que discutimos há pouco. Esse fato pode explicar a prática tradicional dos gramáticos, que costumam começar a gramática do inglês com o estudo de sentenças simples com o padrão "ator – ação", por exemplo, e com relações gramaticais simples, como as de sujeito-predicado ou verbo-objeto. Ninguém começaria a estudar seriamente a estrutura de constituintes do inglês com sentenças como "whom have they nominated" [(a) quem eles nomearam], tentando analisá-la em duas partes etc.; e enquanto algumas considerações bastante detalhadas da estrutura do inglês não mencionam as interrogativas (cf., p. ex., NIDA, 1951), nenhuma delas deixa de incluir alguma referências às declarativas simples.

A análise transformacional fornece uma explicação bastante simples para essa assimetria (que permanece, de outro modo, sem motivação formal), admitindo-se que os gramáticos têm atuado a partir de uma intuição correta sobre a língua[6].

7.6 Há mais um ponto que merece nossa atenção antes de deixarmos o tópico das transformações em inglês. No início do capítulo 5, observamos que a regra da coordenação fornece um critério útil para a análise de constituintes no sentido de que essa regra pode ser bastante simplificada se os constituintes forem estabelecidos de uma determinada maneira. Agora, passamos a interpretar essa regra como uma transformação. Há diversos outros casos em que o comportamento de uma sentença submetida a transformações fornece evidência valiosa, ou mesmo extremamente persuasiva, no que diz respeito à sua estrutura de constituintes.

Considere, por exemplo, o seguinte par de sentenças:

(103) (i) John knew the boy studying in the library
         [o João conheceu o garoto estudando
         na biblioteca] [68]
      (ii) John found the boy studying in the library
         [o João encontrou o garoto estudando
         na biblioteca].

---

6. No processo de determinação de qual das duas formas relacionadas é mais central, estamos, desse modo, seguindo o seguinte raciocínio, que foi esboçado por Bloomfield para a morfologia: "... quando as formas são parcialmente semelhantes, pode-se perguntar qual das duas deveríamos tomar como a forma subjacente... a estrutura da língua pode decidir essa questão por nós se, adotando uma das alternativas, obtemos uma descrição desnecessariamente complicada, ao passo que, adotando a outra alternativa, obtemos uma descrição relativamente simples" (*Language*. Nova York, 1933, p. 218). Bloomfield segue o raciocínio observando que "essa mesma consideração frequentemente nos leva a *estabelecer* uma forma subjacente artificial". Este *insight* também se revelou útil na análise transformacional, por exemplo, quando estabelecemos que a sequência terminal *John – C – have + -en – be + -ing – read* subjaz à sentença nuclear "John has been reading" [O João têm lido].

Intuitivamente, é óbvio que essas sentenças apresentam estruturas gramaticais diferentes (isso fica claro quando tentamos, p. ex., acrescentar "not running around in the streets" [e não correndo por aí nas ruas] a (103)), mas não acredito que, dentro do nível sintagmático, possamos encontrar uma justificativa para analisarmos essas sentenças em diferentes constituintes. A análise mais simples em ambos os casos é *SN – Verbo – SN – -ing + SV* [69]. Mas considere o comportamento dessas sentenças quando submetidas à transformação passiva.

Temos as sentenças (104), mas não (105)[7].

(104) (i)   the boy studying in the library was known (by John)
              [o garoto (que estava) estudando na biblioteca era
                                          conhecido (pelo João)]

       (ii)   the boy studying in the library was found (by John)
              [o garoto (que estava) estudando na biblioteca foi
                                          encontrado (pelo João)]

       (iii) the boy was found studying in the library (by John)
              [o garoto foi encontrado estudando na biblioteca
                                          (pelo João)]

(105)   the boy was known studying in the library (by John)
              [o garoto foi\era conhecido estudando na biblioteca
                                          (pelo João)].

A transformação passiva se aplica apenas a sentenças da forma *SN – Verbo – SN*. Por isso, para derivar (104ii), (103ii) deve ser analisada como

---

7. As sentenças de (104) sem a expressão entre parênteses são formadas por uma segunda transformação "elíptica", que converte, por exemplo, "the boy was seen by John" [o garoto foi visto pelo João] em "the boy was seen" [o garoto foi visto].

(106)   John – found – the boy studying in the library,
              [João – encontrou – o garoto estudando na biblioteca]

com o sintagma nominal objeto "the boy studying in the library"; (103i) terá uma análise correspondente, já que temos a passiva (104i).

Mas (103ii) também possui a passiva (104iii). Disso, concluímos que (103ii) é um caso da construção verbo + complemento estudada na seção 7.4; isto é, ela é derivada por uma transformação T^{obr}_{sep} a partir da sequência subjacente [70],

(107)   John – found studying in the library – the boy,
              [João – encontrou estudando na biblioteca – o garoto]

com o verbo "found" [encontrou] e o complemento "studying in the library" [estudando na biblioteca]. A transformação passiva converterá (107) em (104iii), assim como converteu (90) em (89). No entanto, (103i) não é uma sentença resultante, por transformação, da sequência "John – knew studying in the library – the boy" [João – conheceu estudando na biblioteca – o garoto] (isto é, (103i) não é derivada de uma sequência da mesma forma que (107)), já que (105) não é uma sentença gramatical.

Pelo estudo das passivas gramaticais, então, é possível determinarmos que "John found the boy studying in the library" (=(103ii)) é analisável ambiguamente como *SN – Verbo – SN*, com o objeto "the boy studying in the library", ou como *SN – Aux – V – SN – Comp*, uma sequência transformada de (107) que possui o *Verbo* complexo "found studying in the library". A sentença "John knew the boy studying in the library" (=(103i)), no entanto, apresenta apenas a primeira análise. A descrição resultante de (103) parece estar de acordo com nossa intuição.

Como exemplo de caso similar, considere a sentença:

(108)   John came home   [o João veio para casa].

Embora "John" e "home" [casa] sejam *SNs*, e "came" [veio] seja um *Verbo*, uma investigação do efeito das transformações sobre (108) mostra que ela não pode ser analisada como um caso de *SN – Verbo – SN* [71]. Não podemos ter "home was come by John" [a casa foi vinda (para) pelo João] aplicando a transformação passiva, ou "what did John come" [o que o João veio (para)?] aplicando a transformação T_w. Devemos, então, analisar (108) de alguma outra forma (se não quisermos complicar indevidamente a descrição dessas transformações), talvez como *SN – Verbo – Advérbio*. Fora considerações como essas, parece não haver razões fortes para negar a (108) a análise completamente intuitiva *SN – Verbo – SN*, com "home" sendo o objeto de "came" [72].

Acredito que seja justo dizer que um número significativo de critérios básicos para determinar a estrutura de constituintes é, na verdade, de natureza transformacional. O princípio geral é este: se temos uma transformação que simplifique a gramática e conduza certas sentenças a outras sentenças em um grande número de casos (isto é, uma transformação sob a qual o conjunto pertinente de sentenças gramaticais é praticamente todo coberto), então podemos tentar atribuir uma estrutura de constituintes a sentenças de tal maneira que essa transformação sempre nos conduza a sentenças gramaticais, assim simplificando a gramática ainda mais [73].

O leitor terá observado, talvez, certa circularidade ou até mesmo uma aparente inconsistência em nossa abordagem. Definimos transformações como a passiva em termos de análises específicas da estrutura sintagmática e, então, consideramos o comportamento de sentenças que sofreram essas transformações, determinando como atribuir uma estrutura sintagmática a essas sentenças. Na seção 7.5, utilizamos o fato de que "John was drunk by midnight" (=(102)) [João estava bêbado à meia-noite] não possui uma "ativa" correspondente como um argumento contra a criação de uma transformação passiva-para-ativa. Na seção 7.6, utilizamos o fato de que "John came home" (=(108)) [João não veio para casa] não possui uma passiva como um argumento contra a atribuição da estrutura *SN – Verbo – SN* a essa sentença. Contudo, se seguirmos o argumento cautelosamente em cada caso, poderemos ver claramente que não há circularidade nem inconsistência. Em cada caso, nossa única preocupação foi a de diminuir a complexidade da gramática, e tentamos mostrar que a análise proposta é claramente mais simples do que as alternativas que rejeitamos. Em alguns casos, a gramática se torna mais simples se rejeitamos uma certa transformação; em outros casos, é preferível reanalisar estrutura de constituintes subjacente da sentença. Temos seguido, portanto, o percurso esboçado no capítulo 6: utilizando a estrutura de constituintes e transformações, estamos tentando construir uma gramática do inglês que seja mais simples do que qualquer alternativa proposta; e não estamos sequer pensando na questão de como se poderia realmente chegar a essa gramática de alguma maneira mecânica a partir de um *corpus* do inglês, não importa quão extenso seja. Nosso objetivo mais fraco, de avaliação de alternativas e não de descoberta de uma única análise, elimina qualquer temor de circularidade viciosa nos casos que discutimos. As correspondências intuitivas e as explicações de aparentes irregularidades que encontramos parecem oferecer evidência importante para a correção da abordagem que temos seguido até aqui. Discutiremos esse ponto no capítulo 8, a seguir.

Capítulo 8

O poder explicativo da teoria linguística

8.1 Até aqui, consideramos que a tarefa do linguista é produzir um determinado tipo de mecanismo (chamado gramática) para gerar todas e apenas as sentenças de uma língua, sentenças que, por hipótese, lhe são de algum modo fornecidas de antemão. Vimos que essa concepção sobre as atividades do linguista nos leva naturalmente à descrição das línguas em termos de um conjunto de níveis de representação, alguns dos quais bastante abstratos e não triviais. Em particular, leva-nos a estabelecer que a estrutura sintagmática e a estrutura transformacional são dois níveis distintos de representação de sentenças gramaticais. Nesta seção, formularemos os objetivos do linguista em termos bem diferentes e independentes desses; esta formulação nos levará, entretanto, a noções sobre a estrutura linguística muito parecidas com aquelas.

Existem muitos fatos sobre a linguagem e sobre o comportamento linguístico que precisam de explicações que vão além de explicações do tipo "esta ou aquela sequência (que pode nunca ter sido produzida por alguém) é ou não é uma sentença". É razoável esperarmos que as gramáticas forneçam explicações para alguns desses fatos. Por exemplo, para muitos falantes do inglês, a sequência de fonemas /əneym/ pode ser entendida de maneira ambígua, como "a name" [um nome] ou "an aim" [um objetivo]. Se nossa gramática fosse um sistema de apenas um nível, lidando apenas com fonemas, poderíamos não ter qualquer explicação para esse fato. Mas quando desenvolvemos o nível da representação morfológica, descobrimos que, por razões independentes, somos forçados a estabelecer os morfemas "a" [um/uma], "an" [um/uma], "aim" [objetivo] e "name" [nome], associados com as formas fonêmicas /ə/, /ən/, /eym/ e /neym/, respectivamente. Assim, como consequência direta da tentativa de estabelecer a morfologia da maneira mais simples possível, descobrimos que a sequência de fonemas /əneym/ é representada de maneira ambígua no nível morfológico. Em geral, dizemos que temos um caso de *homonímia construcional* quando uma determinada sequência de fonemas pode ser analisada de mais de uma maneira em algum nível. Isso sugere um critério de adequação para as gramáticas. Podemos testar a adequação de uma determinada gramática perguntando se cada caso que esta gramática caracteriza como de homonímia construcional é um caso real de ambiguidade, e se cada caso de ambiguidade genuína é ou não um caso de homonímia construcional para esta gramática[1]. De maneira mais geral, se uma determinada concepção da forma da gramática conduzir a uma gramática de uma determinada língua que falhe nesse teste, podemos questionar a adequação dessa concepção e a teoria linguística que subjaz a ela. Assim, um argumento perfeitamente válido para o estabelecimento de um nível morfológico é que esse nível dará conta da ambiguidade de /əneym/, ambiguidade que, de outra forma, não é explicada.

Temos um caso de homonímia construcional quando uma sequência de fonemas tem uma representação ambígua. Suponhamos que, em algum nível, duas sequências distintas de fonemas sejam analisadas de maneira

---

1. Obviamente, nem todos os casos de ambiguidade poderão ser analisados em termos sintáticos. Não esperaríamos de uma gramática, por exemplo, que ela explicasse a ambiguidade referencial de "son" [filho] – "sun" [sol], "light" [claro, leve] (em cor, peso) etc. [Comentário dos tradutores: No caso de *son* e *sun*, trata-se de uma ambiguidade referencial porque ambas as palavras, embora com grafias diferentes, são pronunciadas de mesmo modo.] • Em "Two models of grammatical description" ("Linguistics Today". *Word*, 10, 1954, p. 210-233), Hockett utiliza a noção de ambiguidade estrutural para demonstrar a independência de diversas noções linguísticas de maneira bastante similar ao que sugerimos aqui.

similar ou idêntica. Esperamos que tais sequências deveriam ser, de alguma forma, "entendidas" de maneira semelhante, assim como os casos de uma mesma sequência com dupla representação (fonêmica, p. ex.) são "entendidas" de mais de uma maneira. Por exemplo, as sentenças

(109) (i)   John played tennis   [João jogou tênis]
       (ii) my friend likes music   [meu amigo gosta de música]

são bem diferentes, tanto no nível fonológico como morfológico. Mas, no nível sintagmático, são ambas interpretadas como *SN – Verbo – SN*; consequentemente, é evidente que, em certo sentido, são compreendidas da mesma maneira. Esse fato não poderia ser explicado por uma gramática que não ultrapassasse o nível das palavras ou dos morfemas, e exemplos como esse fornecem uma nova motivação para o estabelecimento do nível da estrutura sintagmática, motivação que é independente da que foi apresentada no capítulo 3. Note que considerações acerca da ambiguidade estrutural também podem ser utilizadas como uma motivação para que se estabeleça um nível de estrutura sintagmática. Expressões como "old men and women" e "they are flying planes" (conforme corresponda a "aqueles pontos no horizonte são..." ou a "meus amigos estão...") [74] são evidentemente ambíguas e, de fato, são analisadas como ambíguas no nível da estrutura sintagmática, mesmo que não o sejam em nenhum outro nível inferior. Lembre-se de que a análise de uma expressão no nível sintagmático não se limita a apresentar uma sequência de expressões, mas também fornece para esta sequência um diagrama como (15) acima, ou, de maneira equivalente, um determinado *conjunto* de sequências que representam os constituintes daquela sequência[2].

---

2. Ou seja, por aquilo que chamo de "marcador sintagmático" [em inglês, *phrase marker*] em *The logical structure of linguistic theory* e "Three models for the description of language". Cf. "Three models for the description of language" para uma discussão sobre a homonímia construcional de "they are flying planes" no interior de uma gramática sintagmática. Entretanto, quando unimos uma gramática transformacional à gramática sintagmática,

O que estamos sugerindo é que aquilo que chamamos de "compreender uma sentença" deve ser explicado, em parte, em termos da noção de "nível linguístico". Para compreender uma sentença, então, é necessário, primeiramente, reconstruir sua análise em cada nível linguístico; e podemos testar a adequação de um determinado conjunto de níveis linguísticos abstratos conferindo se as gramáticas formuladas em termos desses níveis nos permitem fornecer ou não uma análise satisfatória do que chamamos de "compreender uma sentença". Exemplos com alto grau de similaridade de representação em certos níveis e alto grau de dissimilaridade de representação em outros níveis (como o da homonímia construcional) são simplesmente os casos extremos que, se aceitamos esta abordagem, provam a existência de níveis superiores de análise linguística. De modo geral, não há sentença que possamos compreender plenamente sem que saibamos, pelo menos, como ela é analisada em todos os níveis, incluindo níveis superiores como a estrutura sintagmática e, como veremos, a estrutura transformacional.

É possível, portanto, demonstrar a inadequação de uma teoria de estrutura linguística que não postule níveis elevados, como a estrutura sintagmática, exibindo casos de ambiguidade e de similaridade de "compreensão" que não podem ser explicados em níveis inferiores de análise. Acontece, entretanto, que ainda há um grande número residual de casos não explicados, mesmo depois que estabelecemos o nível da estrutura sintagmática e o aplicamos ao inglês. A análise desses casos demonstra a necessidade de um nível ainda mais alto de análise, o da análise transformacional; e, como veremos, esta demonstração se dá de um modo diferente da que vimos nos capítulos 5 e 7. Apresentarei apenas alguns exemplos representativos.

---

essa mesma sentença passa a ser analisada como um exemplo de ambiguidade transformacional, e não mais de homonímia construcional no nível da estrutura sintagmática. Na verdade, não está claro que existam *quaisquer* casos puros de homonímia construcional do nível da estrutura sintagmática, uma vez desenvolvida uma gramática transformacional.

8.2 Na seção 7.6, apresentamos o exemplo de uma sentença ("I found the boy studying in the library" = (103ii)) cuja ambiguidade de representação não podia ser demonstrada sem considerarmos alguns critérios transformacionais. Vimos que, em uma das interpretações, essa sentença era derivada por meio da transformação T^{bbr}_{sep} a partir de "I – found studying in the library – the boy", e que, na outra interpretação, ela era analisada como um caso da construção *SN – Verbo – SN* com o objeto "the boy studying in the library". Uma análise transformacional mais profunda mostraria que, em ambos os casos, a sentença é derivada do par de sequências terminais que subjaz às seguintes sentenças nucleares simples:

(110) (i) I found the boy   [eu encontrei o garoto]
      (ii) the boy is studying in the library   [o garoto está estudando
                                                    na biblioteca].

Assim, esse é um caso interessante de uma sentença cuja ambiguidade é o resultado de desenvolvimentos transformacionais alternativos a partir das mesmas sequências nucleares. Mas é um exemplo bastante complexo, que requer um estudo detalhado do modo como as transformações atribuem uma estrutura de constituintes a uma sequência subjacente de constituintes, e exemplos mais simples de ambiguidade com origem transformacional não são difíceis de encontrar.

Considere o sintagma nominal em (111), que pode ser entendido, de maneira ambígua, com "hunters" [caçadores] como o sujeito, analogamente a (112i), ou como o objeto, analogamente a (112ii).

(111) the shooting of the hunters   [os disparos dos caçadores] [75]

(112) (i) the growling of lions   [o rugido dos leões]
      (ii) the raising of the flowers [o cultivo das flores].

No nível da estrutura sintagmática, não há uma boa maneira de se explicar essa ambiguidade: todos esses sintagmas são representados como $the - V + -ing - of - SN^3$. Em termos transformacionais, entretanto, existe uma explicação clara e automática. Uma análise cuidadosa do inglês mostra que podemos simplificar a gramática se eliminarmos sintagmas como (111) e (112) do núcleo e se os reintroduzirmos por meio de transformações [76]. Para dar conta de sintagmas como (112i), podemos estabelecer uma transformação que converte qualquer sentença da forma $SN - C - V$ no sintagma correspondente da forma $the - V + -ing - of + SN$; e essa transformação será formulada de tal forma que seu resultado seja um SN. Para dar conta de (112ii), podemos estabelecer uma transformação que converte qualquer sentença da forma $SN_1 - C - V - SN_2$ num SN correspondente da forma $the - V + -ing - of + SN_2$. Assim, a primeira dessas transformações irá converter "the lions growl" [os leões rugem] em "the growling of the lions" [o rugido dos leões], e a segunda irá converter "John raises flowers" [João cultiva flores] em "the raising of the flowers" [o cultivo das flores]. Contudo, tanto "the hunters shoot" [os caçadores atiram] como "they shoot the hunters" [eles atiram nos caçadores] são sentenças nucleares. Logo (111) = "the shooting of the hunters" terá duas origens transformacionais distintas; ela será representada de forma ambígua no nível transformacional. A ambiguidade da relação gramatical em (111) é uma consequência do fato de que a relação de "shoot" e "hunters" difere nas duas sentenças nucleares subjacentes. Não temos essa ambiguidade em (112), já que nem "they growl lions" [eles rugem os leões] nem "flowers raise" [flores cultivam] são sentenças nucleares gramaticais.

---

3. É verdade que (111) pode ser representado de maneira ambígua considerando *shoot* [atirar] como um verbo transitivo ou intransitivo, mas o fato essencial aqui é que a relação gramatical em (111) é ambígua (isto é, "hunters" pode ser sujeito ou objeto). As relações gramaticais podem ser definidas, na estrutura de constituintes, em termos da forma dos diagramas do tipo em (15) etc. Porém, nesses termos, não haverá base que sustente a afirmação de que *ou* a relação sujeito-verbo *ou* a relação verbo-complemento deve aparecer em (111). Se analisamos os verbos em três classes – transitivo, intransitivo, e transitivo ou intransitivo –, então mesmo essa distinção (em si insuficiente) desaparecerá.

De modo similar, considere os seguintes pares:

(113) (i)   the picture was painted by a new technique
              [o quadro foi pintado por (meio de) uma nova
              técnica]
      (ii)   the picture was painted by a real artist
              [o quadro foi pintado por um artista de verdade].

Essas sentenças são compreendidas de maneira bem diferente, ainda que sejam representadas de forma idêntica, como *SN – was + Verbo + -en – by + SN* no nível da estrutura sintagmática. Suas histórias transformacionais, contudo, são muito diferentes. A sentença (113ii) é a passiva de "a real artist painted the picture" [um verdadeiro artista pintou o quadro]. Já (113i) é formada a partir de, por exemplo, "John painted the picture by a new technique" [o João pintou o quadro por (meio de) uma nova técnica], através de uma dupla transformação; primeiro a passiva e depois a transformação de elipse (já mencionada anteriormente), que apaga o "agente" na voz passiva. Um homônimo perfeito que segue (113) não é difícil de encontrar. Por exemplo,

(114)   John was frightened by the new methods
              [João estava assustado com os novos métodos, ou
              João foi assustado por (meio de) novos métodos]

pode significar tanto que João é um conservador – novos métodos o assustam – quanto que novos métodos de assustar pessoas haviam sido usados para assustar o João (uma interpretação que seria mais normal para a sentença em inglês se "being" [sendo] aparecesse logo após "was" [estava] [77]). No nível transformacional, (114) tem ambas as análises, a de (113i) e a de (113ii), o que explica a sua ambiguidade.

8.3 Podemos completar nosso argumento apresentando um exemplo do extremo oposto, a saber, um caso de sentenças que são compreendidas de maneira similar, embora sejam bastante distintas na estrutura sintagmática e nos níveis inferiores de representação. Considere as seguintes sentenças, já discutidas na seção 7.2:

(115)

(i)   John ate an apple.   – declarativa
João comeu uma maçã.]

(ii)   did John eat an apple? – pergunta
sim-ou-não
[João comeu uma maçã?]

(iii)   what did John eat?
[o que o João comeu?]   interrogativa

(iv)   who ate an apple? pergunta QU
[quem comeu uma maçã?]

Parece intuitivamente óbvio que (115) contém dois tipos de sentenças: declarativas (115i) e interrogativas (15ii-iv). Além disso, as interrogativas podem ser intuitivamente subdivididas em dois tipos: perguntas sim--ou-não (115ii) e perguntas-wh (115iii, iv). No entanto, é difícil encontrar uma base formal que não seja arbitrária nem *ad hoc* para essa classificação. Se, por exemplo, classificarmos as sentenças por sua entonação "normal", então (115i), (115iii) e (115iv), com uma entonação normal de declarativas (descendente), serão opostas a (115ii), que apresenta uma entonação ascendente. Se classificarmos as sentenças com base na ordem das palavras, então (115i) e (115iv), com a ordem normal *SN – Verbo – SN*, serão opostas a (115ii) e (115iii), que invertem o sujeito e o auxiliar. Ainda assim, qualquer gramática do inglês irá classificar essas sentenças da maneira indicada em (115), e qualquer falante do inglês irá compreender essas sentenças de acordo com esse padrão. Certamente, uma teoria linguística que falhe em fornecer uma base para essa classificação deve ser considerada inadequada.

A representação de uma sequência no nível transformacional é dada pela sequência terminal (ou por mais de uma sequência terminal) da qual ela se origina e pela série de transformações por meio das quais ela é derivada a partir daquela sequência terminal subjacente. Nas seções 7.1 e 7.2, chegamos às seguintes conclusões sobre as sentenças em (115) (=(70)): cada uma dessas sentenças se originou da sequência terminal

(116) *John – C – eat + an + apple* (=(61)),

que é derivada pela gramática de estrutura sintagmática. A sentença (115i) é derivada de (116) apenas pela aplicação das transformações obrigatórias; logo, ela é uma sentença nuclear. (115ii) é formada de (116) pela aplicação das transformações obrigatórias e da T_{int}. Já (115iii) e (115iv) são formadas pela aplicação das transformações obrigatórias e das transformações T_{int} e T_w. Elas diferem uma da outra apenas na escolha do sintagma nominal a que T_w se aplica. Suponha que determinemos os tipos de sentenças em geral em função de sua história transformacional, ou seja, de sua representação no nível transformacional. Então, as grandes subdivisões de (115) seriam as sentenças nucleares (115i) e as sentenças que sofreram a transformação T_{int}, (115ii-iv). Logo, (15ii-iv) são todas interrogativas. Já (115iii-iv) formariam uma subclasse especial das interrogativas, já que elas são formadas pela transformação adicional T_w. Assim, quando formulamos a gramática transformacional mais simples para (115), vemos que a classificação intuitivamente correta das sentenças é dada pelas representações transformacionais resultantes.

Capítulo 9

Sintaxe e semântica

9.1 Agora, já encontramos casos de sentenças que podem ser compreendidas de mais de uma maneira e que são representadas de maneira ambígua no nível transformacional (mas não em outros níveis), e encontramos também casos de sentenças que são compreendidas de maneira semelhante e têm uma representação semelhante apenas no nível transformacional. Isso nos dá uma motivação independente para a descrição da língua em termos de estrutura transformacional, bem como para o estabelecimento de uma representação transformacional como um nível linguístico com o mesmo caráter fundamental dos outros níveis. Além do mais, isso dá mais força à sugestão de que o processo de "compreender uma sentença" pode ser explicado, em parte, utilizando-se a noção de nível linguístico. Em particular, para compreender uma sentença, é necessário conhecer as sentenças nucleares das quais ela se originou (mais precisamente, as sequências terminais subjacentes a essas sentenças nucleares) e a estrutura sintagmática de cada uma delas, assim como a história transformacional do desenvolvimento da sentença a partir das sentenças nucleares[1]. O problema geral de se analisar o processo de "compreender uma sentença" é então reduzido, de certo modo, ao problema de se explicar como as sentenças nucleares são

---

1. Quando a análise transformacional é formulada de maneira mais cuidadosa, percebemos que o conhecimento da representação transformacional de uma sentença (que incorpora a estrutura sintagmática das sequências nucleares a partir das quais a sentença se originou) é tudo o que é necessário para determinar a estrutura sintagmática derivada da sentença transformada.

compreendidas, sendo essas consideradas os "elementos de conteúdo" básicos a partir dos quais as sentenças comuns da vida real, mais complexas, são formadas por meio de um desenvolvimento transformacional.

Ao propor que a estrutura sintática pode fornecer certo *insight* para problemas de significado e de compreensão, entramos num terreno perigoso. Não há nenhum domínio do estudo linguístico que esteja mais sujeito a confusões e mais necessitado de uma formulação clara e cuidadosa do que aquele que trata dos pontos de conexão entre sintaxe e semântica. A verdadeira questão que deveria ser feita é esta: "Como é que os mecanismos sintáticos disponíveis em uma dada língua funcionam no uso real dessa língua?" No entanto, ao invés de se preocupar com esse importante problema, o estudo das interconexões entre sintaxe e semântica tem sido amplamente dominado por um debate secundário e por uma questão malformulada. O debate tem sido o de se determinar se a informação semântica é ou não necessária para se descobrir ou para se selecionar uma gramática; e o desafio geralmente lançado por aqueles que optam pela resposta afirmativa nessa disputa é o seguinte: "Como você pode construir uma gramática sem apelar para o significado?"

As observações feitas no capítulo 8 sobre possíveis implicações semânticas do estudo sintático não devem ser mal-interpretadas – não são argumentos a favor da ideia de que a gramática deva ser baseada no significado. Na verdade, a teoria que esboçamos nos capítulos 3 a 7 é completamente formal e não semântica. No capítulo 8, indicamos brevemente algumas das maneiras possíveis de se estudar o uso real dos mecanismos sintáticos disponíveis. Talvez, esse problema possa ser melhor elucidado por uma discussão puramente negativa da possibilidade de se encontrar uma base semântica para a teoria sintática.

9.2.1 Muitos esforços têm sido feitos na tentativa de responder à pergunta "Como se pode construir uma gramática sem apelar para o significado?" Essa pergunta, na verdade, não está bem-formulada, já que a implicação de que obviamente é possível construir uma gramática *apelando* para o significado é completamente não comprovada. Poder-se-ia, com igual motivação, perguntar: "Como se pode construir uma gramática sem saber a cor do cabelo dos falantes da língua?" A pergunta que deveria ser feita é a seguinte: "Como se pode construir uma gramática?" Não conheço nenhuma tentativa detalhada para desenvolver a teoria da estrutura gramatical em termos parcialmente semânticos, nem qualquer proposta específica e rigorosa para o uso de informações semânticas na construção ou na avaliação de gramáticas. É inegável que a "intuição sobre a forma linguística" é muito útil ao investigador da forma linguística (ou seja, da gramática). Parece também claro que o maior objetivo da teoria gramatical seja substituir essa dependência obscura na intuição por alguma abordagem rigorosa e objetiva. No entanto, há pouca evidência de que a "intuição sobre o significado" seja realmente útil na investigação concreta da forma linguística [78]. Acredito que a inadequação das sugestões sobre o uso do significado na análise gramatical não é aparente apenas por causa de sua vaguidade e por causa de uma tendência infeliz de se confundir "intuição sobre a forma linguística" com "intuição sobre o significado", duas expressões que têm em comum apenas sua vaguidade e o fato de serem indesejáveis na teoria linguística. Contudo, por causa da ampla aceitação de sugestões desse tipo, pode ser que valha a pena investigar brevemente algumas delas, ainda que o peso da prova recaia, nesse caso, completamente no linguista que afirma ter conseguido desenvolver alguma noção gramatical em termos semânticos.

9.2.2 Entre as afirmações mais comuns proferidas a favor da ideia de que a gramática depende do significado, encontramos as seguintes:

(117) (i)   dois enunciados são fonemicamente
             distintos se e somente se eles diferem
             no significado;

      (ii)   os morfemas são os menores elementos
             que possuem significado;

(iii)	sentenças gramaticais são aquelas que têm significação semântica;
(iv)	a relação gramatical sujeito-verbo (isto é, *SN – SV* como uma análise da *Sentença*) corresponde ao "sentido estrutural" geral ator-ação;
(v)	a relação gramatical verbo-objeto (isto é, *Verbo – SN* como uma análise do *SV*) corresponde ao sentido estrutural ação--objetivo ou ação-objeto da ação;
(vi)	uma sentença ativa e sua corresponden-te passiva são sinônimas.

9.2.3 Muitos linguistas manifestaram a opinião de que a distinção fonêmica deve ser definida em termos de significado diferencial (sinonimidade [79], para usar um termo mais familiar), como proposto em (117i). No entanto, é evidente que (117i) não pode ser aceita, da maneira que está, como sendo uma definição de distintividade fonêmica[2] [80]. Se realmente quisermos responder à pergunta e não adiá-la, os enunciados em questão devem ser ocorrências, e não tipos [81]. Mas existem ocorrências de enunciados que são fonemicamente distintas e idênticas em significado (sinônimos) e existem ocorrências de enunciados que são fonemicamente idênticas e distintas em significado (homônimos). Logo, (117i) é falso em ambos os sentidos. Da esquerda para a direita, ele é falsificado por pares como "solteiro" e "homem não casado", ou de maneira ainda mais séria, por sinônimos absolutos como /ekɨnámiks/ e /iykɨnámiks/ ("economics" [economia]), "ádult" e "adúlt" [adulto], /ræšin/ e /reyšin/ ("ration" [ração]) e muitas outras que podem coexistir até mesmo dentro de um mesmo estilo de fala [82]. Da direita para a esquerda, (117i) é falsificada por pares como "bank" ["margem"]

---

2. Cf. meu "Semantic considerations in grammar" (*Monograph*, n. 8, 1955, p. 141-53), para uma investigação mais detalhada de (117i).

(de um rio) e "bank" ["banco"] (para guardar economias)[3], "metal" [metal] e "medal" [medalha] (em alguns dialetos do inglês) [83] e numerosos outros exemplos. Em outras palavras, se atribuímos duas ocorrências de enunciados ao mesmo enunciado-tipo com base em (117i), obteremos a classificação errada em um grande número de casos.

Uma afirmação mais fraca que (117i) poderia ser proposta como segue. Suponha que temos um sistema fonético absoluto, dado de antemão à análise de qualquer língua, e que esse nos dê a garantia de que é detalhado o suficiente para transcrever de modo diferente quaisquer dois enunciados fonemicamente distintos em qualquer língua. Pode agora ser o caso de que certas ocorrências diferentes venham a ser transcritas de maneira idêntica por esse sistema fonético. Suponha que definamos o "significado ambíguo" de uma ocorrência de enunciado como o conjunto de significados de todas as ocorrências transcritas de maneira idêntica à primeira ocorrência. Poderíamos agora revisar (117i), substituindo "significado" por "significado ambíguo". Isso poderia fornecer uma abordagem para o problema da homonímia [84], se tivéssemos um *corpus* imenso no qual pudéssemos ter certeza de que cada uma das formas foneticamente distintas de uma dada palavra ocorreria com cada um dos sentidos possíveis dessa palavra. Pode ser possível elaborar essa abordagem ainda mais, para dar conta do problema dos sinônimos. De certa forma, poderíamos ter a esperança de determinar a distintividade fonêmica por meio de investigação laboriosa do significado de itens foneticamente transcritos em um vasto *corpus*. No entanto, a dificuldade em determinar de alguma maneira precisa e realista quantos significados vários itens podem ter em comum, além da imensidade da tarefa, fazem os prospectos de uma abordagem como essa parecer bastante duvidosos.

---

3. Repare que não podemos argumentar que "bank" em "the river bank" [a margem do rio] e "bank" [o banco da aplicação financeira] em "the savings bank" sejam duas ocorrências da mesma palavra, já que essa é precisamente a questão sob análise. Dizer que duas ocorrências de um enunciado são ocorrências da mesma palavra é dizer que eles não são fonemicamente distintos, e presumivelmente isso é o que o critério de sinonimidade (117i) deve nos dizer (e não o que devemos presumir para poder aplicá-lo).

9.2.4 Felizmente, não temos de prosseguir com um programa tão ambicioso e complexo para determinar a distinção fonêmica. Na prática, cada linguista usa mecanismos não semânticos muito mais simples e diretos. Suponhamos que um linguista esteja interessado em determinar se "metal" e "medal" são foneticamente distintos em algum dialeto do inglês. Ele não vai investigar o significado dessas palavras, já que essa informação é claramente irrelevante para seus objetivos. Ele sabe que os significados são diferentes (ou ele simplesmente não está interessado na questão) e está interessado em determinar se essas palavras são ou não são fonemicamente distintas. Um linguista de campo cuidadoso iria provavelmente utilizar o teste do par[4] [85] com dois informantes ou com um informante e um gravador. Por exemplo, ele poderia fazer uma sequência aleatória de cópias das ocorrências de enunciados pelas quais tem interesse e então determinar se o falante consegue ou não identificá-las de maneira consistente. Se houver identificação consistente, o linguista pode aplicar um teste ainda mais estrito, pedindo ao falante para repetir cada palavra diversas vezes, utilizando o teste do par mais uma vez nestas repetições. Se for mantida a distinguibilidade [86] consistente sob repetição, o linguista dirá que as palavras "metal" e "medal" são fonemicamente distintas. O teste do par, com suas variantes e elaborações, fornece-nos um critério claro e operacional para a distintividade [87] fonêmica em termos completamente não semânticos[5].

---

4. Cf. o meu texto "Semantic considerations of grammar". *Monograph*, n. 8, 1955, p. 141-54. • HALLE, M. "The strategy of phonemics". "Linguistics Today". *Word*, 10, 1954, p. 197-209. • HARRIS, Z.S. *Methods in structural linguistics*. Chicago, 1951, p. 32s. • HOCKETT, C.F. *A manual of phonology*. Baltimore: Indiana University Publications in Anthropology and Linguistics, 1955, p. 146 [Memoir 11].

5. Lounsbury argumenta, na p. 190 de seu "A semantic analysis of the Pawnee kinship usage" (*Language*, 32, 1956, p. 158-194), que o apelo à sinonímia é necessário para distinguir entre a variação livre e o contraste: "se um linguista que não conheça inglês ouvir da minha boca a palavra *cat* (gato) primeiramente com uma oclusiva final aspirada e depois com uma oclusiva final pré-glotalizada não realizada, os dados fonéticos não irão dizer se essas formas contrastam ou não. Será apenas quando ele pergunta a mim, seu informante, se o significado da primeira forma é diferente do significado da segunda, e eu respondo que não, que ele conseguirá proceder com sua análise fonêmica". Como um método geral, essa

É comum que as abordagens não semânticas da gramática sejam vistas como alternativas às abordagens semânticas, e que sejam criticadas por ser demasiadamente complexas, ainda que possíveis em princípio. Descobrimos, porém, que, no caso da distintividade fonêmica pelo menos, exatamente o oposto é que é verdadeiro. Há uma abordagem operacional bastante direta para a determinação da distintividade fonêmica em termos de instrumentos não semânticos, como o teste do par. Pode ser possível, em teoria, desenvolver algum teste semanticamente orientado que seja equivalente ao teste do par e suas elaborações, mas parece que qualquer procedimento desse tipo será muito complexo, exigindo análise exaustiva de um *corpus* imenso e envolvendo os linguistas em uma tentativa um tanto desesperada de determinar quantos significados uma dada sequência de fones poderia ter.

9.2.5 Existe ainda uma dificuldade de princípio adicional que deveria ser mencionada na discussão de qualquer abordagem semântica à distintividade fonêmica. Não perguntamos se os significados atribuídos a ocorrências

---

abordagem é insustentável. Suponhamos que o linguista grave /ekɨnámiks/ e /iykɨnámiks/ [*economics*], /viksɨn/ [*vixen*] e /fiymeyl#faks/ [*female fox*] etc., e pergunte se tais pares diferem em significado. Ele descobrirá que não e incorretamente lhes atribuirá a mesma análise fonêmica, se seguir aquela orientação literalmente. Por outro lado, há muitos falantes que não distinguem "metal" de "medal", ainda que, se perguntados, podem se achar certos de que o fazem. As respostas de tais informantes à pergunta de Lounsbury sobre o significado certamente iriam apenas obscurecer a questão. Podemos deixar a posição de Lounsbury mais aceitável se substituímos a pergunta "elas têm o mesmo significado?" por "elas são a mesma palavra?". Isso irá evitar as armadilhas da pergunta semântica essencialmente irrelevante; mas dificilmente a pergunta é aceitável nessa forma, já que equivale a pedir ao informante que faça o trabalho do linguista; ela substitui um teste operacional de comportamento (como o teste do par) por um julgamento do informante sobre seu comportamento. Os testes operacionais para as noções linguísticas podem exigir que o informante responda, mas não que ele expresse sua opinião sobre seu comportamento, seu julgamento sobre sinonímia, sobre distintividade fonêmica etc. As opiniões do informante podem ser baseadas em todo o tipo de fator irrelevante. Essa é uma distinção importante que deve ser cuidadosamente observada se não se quer que a base operacional da gramática seja trivializada.

distintas (mas fonemicamente idênticas) são idênticos ou meramente muito semelhantes. Se forem meramente semelhantes, então todas as dificuldades de determinar a distintividade fonêmica terão o seu paralelo (ampliado, dada a obscuridade inerente ao assunto) na determinação da identidade [88] de significado. Teremos de determinar quando dois significados distintos são suficientemente semelhantes para ser considerados "o mesmo". Se, por outro lado, tentamos manter a posição de que os significados atribuídos são sempre idênticos, que o significado de uma palavra é um componente fixo e imutável de cada ocorrência, então a acusação de circularidade parece inevitável. O único meio de manter uma posição como essa seria conceber o significado de uma ocorrência como "o modo como as ocorrências desse tipo são (ou podem ser) usadas", "a classe de situações em que elas podem ser utilizadas", "o tipo de resposta que elas normalmente evocam", ou alguma coisa do gênero. Mas é difícil fazer algum sentido de uma tal concepção de significado sem uma noção prévia de "tipo de enunciado" [89]. Pareceria, então, que, mesmo independentemente de nossas objeções anteriores, qualquer abordagem da distintividade fonêmica em termos semânticos ou é circular ou é baseada em uma distinção que é consideravelmente mais difícil de estabelecer do que a distinção que ela deveria esclarecer.

9.2.6 Como, então, podemos explicar a ampla aceitação de uma formulação como (117i)? Acredito que existam duas explicações para isso. Em parte, trata-se de uma consequência da suposição de que as abordagens semânticas são, de certa forma, dadas imediatamente e são simples demais para exigirem uma análise. Qualquer tentativa de fornecer uma descrição cuidadosa, no entanto, logo desfaz essa ilusão. Uma abordagem semântica de alguma noção gramatical requer um desenvolvimento tão detalhado e cuidadoso quanto qualquer outra abordagem não semântica. Além do mais, como vimos, uma abordagem semântica da distintividade fonêmica enfrenta dificuldades consideráveis.

Uma segunda fonte para formulações como (117) reside, acredito, numa confusão entre os termos "significado" e "resposta do informante". Assim, encontramos observações sobre o método linguístico do seguinte teor: "Em análise linguística, definimos o contraste entre formas, operacionalmente, em termos de diferença em respostas quanto ao significado [90]"[6]. Observamos na seção 9.2.3 que, se fôssemos determinar contraste por meio de "respostas quanto ao significado" de qualquer maneira direta, estaríamos simplesmente tomando a decisão errada em várias situações; e se tentamos evitar as dificuldades que aparecem imediatamente, somos levados a uma construção tão elaborada e com premissas tão intoleráveis que dificilmente poderá ser considerada uma proposta séria. E vimos em 9.2.5 que há aparentemente dificuldades de princípio ainda mais fundamentais. Por isso, se interpretamos de forma literal a afirmação citada, devemos rejeitá-la como incorreta.

No entanto, se tiramos a palavra "significado" da afirmação acima, teremos uma referência perfeitamente aceitável a técnicas como a do teste do par. Mas não há garantia alguma de que as respostas estudadas no teste do par devam ser interpretadas como semânticas[7]. Pode-se muito bem desenvolver um teste operacional para a rima que mostraria que "bill" e "pill" estão relacionadas de uma forma que "bill" e "ball" não estão. Não haveria qualquer elemento semântico nesse teste. Identidade fonêmica é essencialmente rima completa [91], e não há mais motivos para postular alguma reação semântica não observada no caso de "bill" e "ball" do que no caso de "bill" e "pill".

---

6. LOUNSBURY, F. "A semantic analysis of the Pawnee kinship usage", p. 191. In: *Language*, 32, 1956, p. 158-164.

7. Não devemos nos confundir com o fato de que, no teste do par, pode-se pedir ao sujeito para que identifique as ocorrências dos enunciados pelo significado. Poderíamos pedir a ele, da mesma forma, que as identificasse por números escolhidos aleatoriamente, por signos do zodíaco etc. Assim como não podemos fazer uso de alguma formulação particular do teste do par como um argumento para afirmar que a linguística é baseada na aritmética ou na astrologia, do mesmo modo não podemos utilizá-lo como um argumento para sustentar que a teoria gramatical depende do significado.

Parece estranho que aqueles que fizeram objeções a que se fundamentasse a teoria linguística em formulações como (117i) devessem ser acusados de desprezo pelo significado. Ao contrário, parece ser o caso de que aqueles que propõem alguma variante de (117i) devem estar interpretando a noção de "significado" de maneira tão abrangente que qualquer reação a um estímulo linguístico [92] é chamada de "significado". Mas aceitar esse ponto de vista significa desnudar o termo "significado" de qualquer interesse ou significância. Acredito que qualquer um que deseje salvar a expressão "estudo do significado" como sendo a descrição de um aspecto importante da pesquisa linguística deve rejeitar essa identificação entre "significado" e "reação a estímulos linguísticos" e, junto com isso, deve rejeitar também formulações como (117i).

9.2.7 Evidentemente, é impossível provar que noções semânticas não tenham utilidade na gramática, da mesma forma como é impossível provar a irrelevância de qualquer outro conjunto de noções. A investigação de tais propostas, contudo, parece levar invariavelmente à conclusão de que apenas uma base puramente formal pode fornecer fundamentos firmes e produtivos para a construção da teoria gramatical. A investigação detalhada de cada uma das propostas semanticamente orientadas iria além dos limites deste trabalho, e seria um tanto quanto inútil, mas podemos mencionar brevemente alguns dos contraexemplos mais óbvios para sugestões como (117).

Morfemas como "to" em "I want to go" [Eu quero ir] ou o auxiliar vazio [93] "do" em "did he come?" [Ele veio?] (cf. seção 7.1) dificilmente poderão ser considerados como tendo um significado em qualquer sentido independente [94], e parece razoável presumir que uma noção independente do significado, se estabelecida de maneira clara, pode atribuir significado de algum tipo para formas que não são morfemas, como *gl-* em "gleam" [brilho], "glimmer" [luz], "glow" [brilho][8]. Assim, temos contraexemplos

---

8. Cf. BLOOMFIELD, L. *Language*. Nova York, 1933, p. 156. • HARRIS, Z.S. *Methods in structural linguistics*. Chicago, 1951, p. 177. • JESPERSEN, O. *Language*. Nova York, 1922, cap. XX, para mais exemplos.

para a sugestão de (117ii), de que os morfemas são definidos como os elementos mínimos significativos. No capítulo 2, fornecemos algumas razões para rejeitar a "significação semântica" [95] como um critério geral para a gramaticalidade, tal como proposto em (117iii). Sentenças como "John received a letter" [João recebeu uma carta] ou "the fighting stopped" [A briga terminou] mostram claramente que a afirmação (117iv) – que diz que a relação gramatical sujeito-verbo tem um "significado estrutural" de "ator-ação" – não se sustenta, se o significado for levado a sério como um conceito que é independente da gramática. Da mesma forma, a atribuição (117v) de algum significado estrutural do tipo "ação-objetivo" à relação verbo-objeto é invalidada por sentenças como "I will disregard his incompetence" [Eu ignorarei a incompetência dele] ou "I missed the train" [Eu perdi o trem]. Para contradizer (117vi), podemos descrever circunstâncias em que uma sentença com um elemento quantificador, como "Everyone in the room knows at least two languages" [Todos nesta sala falam ao menos duas línguas], possa ser verdadeira, enquanto que sua correspondente passiva, "At least two languages are known by everyone in the room" [Ao menos duas línguas são faladas por todos nesta sala], seja falsa, de acordo com a interpretação normal dessas sentenças – por exemplo, se uma pessoa na sala sabe apenas francês e alemão, e outra, apenas espanhol e italiano. Isso indica que nem mesmo a relação semântica mais fraca (equivalência factual) se mantém na distinção geral entre ativa e passiva.

9.3 Esses contraexemplos não deveriam, contudo, deixar-nos cegos ao fato de que existem correspondências surpreendentes entre as estruturas e os elementos que são descobertos por uma análise gramatical, formal, e funções semânticas específicas. Nenhuma das afirmações em (117) é inteiramente falsa; algumas são quase verdadeiras [96]. Parece claro, então, que existem correspondências inegáveis, ainda que apenas imperfeitas, entre características formais e semânticas na linguagem. O fato de que as correspondências são tão inexatas sugere que o significado será relativamente inútil para servir de base para a descrição gramatical[9]. Análise cuidadosa de cada proposta para adotar o significado como base confirma isso e mostra, de fato, que intuições e generalizações importantes sobre a estrutura linguística podem ser perdidas se pistas semânticas vagas forem seguidas perto demais. Por exemplo, vimos que a relação ativa-passiva é apenas uma manifestação de um aspecto muito geral e fundamental da estrutura formal da linguagem. A semelhança entre ativa e passiva, negativa, declarativa e interrogativa, e outras relações transformacionais não teriam sido emergido se a relação ativa-passiva tivesse sido investigada apenas em termos de noções como a sinonímia.

O fato de que as correspondências entre as características formais e semânticas existem, contudo, não pode ser ignorado. Essas correspondências devem ser estudadas dentro do panorama de uma teoria mais geral da linguagem, que incluirá uma teoria da forma linguística e uma teoria do uso da língua como subpartes. No capítulo 8, vimos que existem, aparentemente, alguns tipos de relações bem gerais entre esses dois domínios que merecem um estudo mais detalhado. Uma vez determinada a estrutura sintática da língua, podemos estudar a maneira com que a estrutura sintática é posta em uso no funcionamento real da língua. Uma investigação da função semântica da estrutura de níveis gramaticais, tal como sugerimos brevemente no capítulo 8, poderia se configurar em um passo razoável em direção a uma teoria das interconexões entre sintaxe e semântica. Na ver-

---

9. Outra razão para suspeitar que a gramática não pode ser efetivamente desenvolvida a partir de uma base semântica foi apresentada na discussão do caso particular da distintividade fonêmica na seção 9.2.5. De maneira geral, o estudo do significado parece tão carregado de dificuldades, mesmo depois de os elementos linguísticos portadores de significado e suas relações serem especificados, que qualquer tentativa de estudar o significado de maneira independente dessa especificação permanece fora de questão. Em outras palavras, dado o instrumento língua e seus instrumentos formais, podemos e devemos investigar sua função semântica (como, p. ex., em JAKOBSON, R. "Beitrag zur allgemeinen Kasuslehre". *Travaux du Cercle Linguistique de Prague*, 6, 1936, p. 240-288); mas não podemos, aparentemente, encontrar absolutos semânticos, prévios à gramática, que possam ser usados de alguma forma para determinar os objetos da gramática.

dade, apontamos no capítulo 8 que as correlações entre a forma e o uso da língua podem até mesmo fornecer certos critérios brutos de adequação para uma teoria linguística e para as gramáticas que ela oferece. Podemos julgar as teorias formais em termos de sua habilidade para explicar e elucidar uma variedade de fatos sobre o modo como as sentenças são usadas e compreendidas. Em outras palavras, gostaríamos que o *framework* sintático da língua, isolado e exibido pela gramática, fosse capaz de sustentar a descrição semântica, e naturalmente daremos mais valor a uma teoria da estrutura formal que conduza a gramáticas que satisfaçam esse requisito de maneira mais completa.

A estrutura sintagmática e a estrutura transformacional parecem fornecer os principais instrumentos sintáticos disponíveis na língua para a organização e a expressão do conteúdo. A gramática de uma dada língua deve mostrar como essas estruturas abstratas são concretizadas no caso dessa língua, ao passo que a teoria linguística deve esclarecer esses fundamentos da descrição gramatical e os métodos para avaliar e escolher entre gramáticas propostas.

É importante reconhecer que, ao introduzir considerações como as do capítulo 8 na metateoria que lida com a gramática, com a semântica e com seus pontos de conexão, não alteramos o caráter puramente formal da teoria da estrutura gramatical em si mesma. Nos capítulos 3 a 7 delineamos o desenvolvimento de alguns conceitos linguísticos fundamentais em termos puramente formais. Consideramos o problema da pesquisa sintática como sendo o de construir um mecanismo para a produção de um dado conjunto de sentenças gramaticais, bem como o de estudar as propriedades das gramáticas que fazem isso de maneira efetiva. Noções semânticas como referência, significação e sinonímia não desempenharam qualquer papel na discussão. Obviamente, a teoria que esboçamos apresentou algumas lacunas graves – em particular, o pressuposto de que o conjunto de sentenças gramaticais seja dado de antemão é claramente forte demais; e a noção de "simplicidade" para a qual apelamos explícita ou implicitamente não foi analisada. Ainda assim, nem essas nem outras lacunas no desenvolvimento da teoria gramatical podem ser preenchidas ou reduzidas, tanto quanto eu saiba, por meio da construção desta teoria a partir de uma base parcialmente semântica.

Nos capítulos 3 a 7, estudamos, então, a língua como um mecanismo ou um instrumento, tentando descrever sua estrutura sem qualquer referência explícita à maneira como esse instrumento é utilizado na prática. A motivação para essa exigência autoimposta de formalidade para as gramáticas é bastante simples – parece não haver nenhuma outra base que forneça uma teoria da estrutura linguística que seja rigorosa, eficaz e "reveladora". O requisito de que essa teoria seja uma disciplina completamente formal é perfeitamente compatível com o desejo de formulá-la de forma tal que tenha interconexões sugestivas e significativas com uma teoria semântica paralela. O que salientamos no capítulo 8 é que podemos esperar que esse estudo formal da estrutura da língua como instrumento lance alguma luz sobre o uso efetivo da língua, isto é, sobre o processo de compreensão de sentenças.

9.4 Para compreender uma sentença, precisamos saber muito mais do que a análise dessa sentença em cada nível linguístico. Precisamos saber também a referência e o significado[10] dos morfemas ou das palavras de que é composta; naturalmente, não se pode esperar que a gramática ajude muito nesse ponto. Essas noções são as noções básicas para a semântica. Na

---

10. Goodman argumentou – de maneira bastante convincente, em minha opinião – que a noção de significado das palavras pode ser reduzida, pelo menos em parte, à noção de referência de expressões contendo essas palavras. Cf. GOODMAN, N. "On likeness of meaning". *Analysis*, vol. 10, n. 1, 1949). • GOODMAN, N. "On some differences about meaning". *Analysis*, vol. 13, n. 4, 1953. A abordagem de Goodman resume-se a uma reformulação de uma parte da teoria do significado nos termos bem mais claros da teoria da referência, tanto quanto muito da nossa discussão pode ser entendido como sugerindo uma reformulação de partes da teoria do significado que lidam com o chamado "significado estrutural" em termos da teoria da estrutura gramatical completamente não semântica. Parte da dificuldade com a teoria do significado é que o "significado" tende a ser usado como um termo amplo que inclui todos os aspectos da língua dos quais sabemos ainda muito pouco. Se esta avaliação estiver correta, podemos esperar que diversos aspectos dessa teoria sejam reivindicados por outras abordagens da linguagem no curso de seu desenvolvimento.

descrição do significado de uma palavra, torna-se muitas vezes útil, senão necessário, recorrer ao *framework* sintático no qual a palavra é utilizada; por exemplo, na descrição do significado de "hit" [bater, acertar], descreveríamos, sem dúvidas, o agente e o objeto da ação em termos das noções de "sujeito" e de "objeto", que são aparentemente mais bem analisadas como noções puramente formais pertencendo à teoria da gramática[11]. Descobriremos naturalmente que muitas palavras ou morfemas de uma única categoria gramatical são descritos semanticamente em termos parcialmente similares, como, por exemplo, verbos descritos em termos de sujeito e objeto etc. Isso não é surpreendente; significa que os mecanismos sintáticos disponíveis na língua estão sendo usados de maneira bastante sistemática. Vimos, no entanto, que generalizar a partir desse uso sistemático e atribuir "significados estruturais" a categorias gramaticais ou a construções, tal como se atribuem "significados lexicais" a palavras ou morfemas, é um passo de validade bastante questionável.

Outro uso comum, mas dúbio, da noção de "significado estrutural" diz respeito ao significado dos chamados morfemas de "função gramatical", como *-ing*, *-ly* [97], preposições etc. A afirmação de que os significados desses morfemas são fundamentalmente diferentes dos significados dos nomes, verbos, adjetivos e talvez de outras classes amplas, é geralmente sustentada por meio do apelo ao fato de que esses morfemas podem ser distribuídos em uma sequência de espaços vazios ou de sílabas sem sentido, de modo que o todo tenha aparência de uma sentença e, de fato, para que tais morfemas determinem a categoria gramatical de elementos sem sentido. Por exemplo, na sequência "Pirots karulize etalically", sabemos que as três palavras são nome, verbo e advérbio, por causa dos morfemas *-s*, *-ize* e

---

11. Uma descrição como essa do significado de "hit" daria automaticamente conta do uso de "hit" em sentenças transformadas, como "Bill was hit by John" [Bill foi acertado pelo John], "hitting Bill was wrong" [bater no Bill foi errado] etc., se conseguimos mostrar com suficiente detalhe e generalidade que as sentenças transformadas são "compreendidas" em termos de sentenças nucleares subjacentes.

-*ly*, respectivamente [98]. Essa propriedade, porém, não faz uma distinção clara entre os morfemas gramaticais e os outros, já que, em sentenças como "the Pirots karul __ yesterday" [os Pirots karul __ ontem] ou "give him __ water" [dê-lhe __ água], os espaços em branco também são determinados, como uma variante do tempo passado no primeiro caso, e como "the" [artigo definido "a"], "some" [alguma] etc., mas não "a" [artigo indefinido "uma"], no segundo [99]. O fato de que, nesses casos, fomos forçados a apresentar espaços vazios ao invés de palavras sem sentido se explica pela produtividade ou "infinidade" das categorias Substantivo, Verbo, Adjetivo etc., ao contrário das categorias Artigo, Afixo Verbal etc. [100] Em geral, quando distribuímos uma sequência de morfemas em uma sequência de espaços em branco, limitamos a escolha dos elementos que podem preencher os espaços para formar uma sentença gramatical. Quaisquer que sejam as diferenças entre os morfemas no que diz respeito a essa propriedade, elas são aparentemente melhor explicadas em termos de noções gramaticais como a produtividade, a liberdade de combinação e o tamanho da classe de substituição, do que em termos de qualquer característica semântica presumível.

Capítulo 10

Resumo

Ao longo desta discussão, enfatizamos os seguintes pontos: o máximo que podemos razoavelmente esperar da teoria linguística é que ela forneça um procedimento de avaliação de gramáticas. A teoria da estrutura linguística não pode ser confundida com um manual de procedimentos úteis para a descoberta de gramáticas, ainda que um tal manual venha certamente a utilizar os resultados da teoria linguística, e que a tentativa de desenvolver tal manual venha provavelmente a contribuir (assim como aconteceu no passado) para a formação da teoria linguística de maneira substancial. Se esse ponto de vista for adotado, há pouca motivação para a objeção contra a "mistura" dos níveis, contra a concepção de que os elementos dos níveis superiores são construídos, literalmente, a partir de elementos dos níveis inferiores, ou ainda para o sentimento de que o trabalho sintático é prematuro até que todos os problemas de fonêmica ou morfologia sejam solucionados.

A gramática é mais bem-formulada como um estudo autocontido, independente da semântica. Em particular, a noção de "ser gramatical" não pode ser identificada com a noção de "ser dotado de significado" [101] (assim como ela também não apresenta nenhuma relação especial, nem mesmo de proximidade, com a noção de "ordem de aproximação estatística"). No desenvolvimento desse estudo independente e formal, vemos que um modelo simples da linguagem, que a concebe como um processo markoviano de estados finitos que produz sentenças da esquerda para a direita, não é aceitável, e que níveis linguísticos bastante abstratos, como a estrutura sintagmática e a estrutura transformacional, são necessários para a descrição das línguas naturais.

Podemos simplificar em muito a descrição do inglês e obter novos e importantes esclarecimentos sobre sua estrutura formal se limitamos a descrição direta, em termos da estrutura sintagmática, a um núcleo de sentenças básicas [102] (simples, declarativas, ativas, sem sintagmas verbais ou nominais complexos), derivando, a partir delas, todas as outras sentenças (ou, mais apropriadamente, a partir das sequências que subjazem a elas), através de transformações, possivelmente repetidas. Inversamente, tendo encontrado um conjunto de transformações que convertem sentenças gramaticais em sentenças gramaticais, podemos determinar a estrutura de constituintes de sentenças particulares por meio da investigação do seu comportamento, sob tais transformações, quando lhes atribuímos diferentes análises sintagmáticas [103].

Consequentemente, consideramos as gramáticas como tendo uma estrutura tripartida. Uma gramática tem uma sequência de regras a partir das quais a estrutura sintagmática pode ser reconstruída e uma sequência de regras morfofonêmicas que convertem sequências de morfemas em sequências de fonemas. Conectando essas sequências, existe uma sequência de regras transformacionais que convertem sequências com estrutura sintagmática em novas sequências às quais as regras morfofonêmicas podem se aplicar. As regras de estrutura sintagmática e as regras morfofonêmicas são básicas num sentido que as regras transformacionais não são. Para uma transformação ser aplicada a uma sequência, devemos conhecer um pouco da história da derivação desta sequência; mas para aplicar as regras não transformacionais, é suficiente conhecer o formato da sequência em que a regra será aplicada.

Como consequência imediata da tentativa de construir a gramática mais simples possível do inglês em termos dos níveis abstratos desenvolvidos na teoria linguística, descobrimos que o comportamento aparentemente irregular de algumas palavras (p. ex., "have" [ter], "be" [ser/estar], "seem" [parecer]) é na verdade um caso particular de uma regularidade de nível superior. Também descobrimos que muitas sentenças recebem dupla representação em algum nível, bem como muitos pares de sentenças recebem representações semelhantes ou idênticas em algum nível. Em um número significativo de casos, a representação dupla (homonímia de construções) corresponde a ambiguidade da sentença representada, e uma representação semelhante ou idêntica surge em casos de similaridade intuitiva de enunciados.

De modo mais geral, parece que a noção de "compreender uma sentença" deve ser parcialmente analisada em termos gramaticais. Para compreender uma sentença, é necessário (mas não suficiente, evidentemente) reconstruir sua representação em cada nível, incluindo o nível transformacional no qual as sentenças nucleares subjacentes de uma dada sentença podem ser concebidas, em certo sentido, como "os elementos básicos de conteúdo" a partir dos quais essa sentença é construída. Em outras palavras, um dos resultados do estudo formal da estrutura gramatical é que por meio dele emerge um *framework* sintático que pode sustentar a análise semântica. A descrição do significado pode se referir de maneira proveitosa a esse *framework* sintático subjacente, embora considerações semânticas sistemáticas aparentemente não sejam úteis para a determinação dele. A noção de "significado estrutural" como oposta a de "significado lexical" parece, contudo, ser bastante suspeita, e é questionável a ideia de que os mecanismos gramaticais disponíveis na língua sejam usados de maneira suficientemente consistente a ponto de ser possível atribuir-se diretamente a eles algum significado. Ainda assim, é verdade que encontramos muitas correlações importantes, de forma bastante natural, entre estrutura sintática e significado; ou, em outras palavras, é verdade que os mecanismos gramaticais são usados de maneira bastante sistemática. Essas correlações poderiam formar parte do objeto de pesquisa de uma teoria mais geral da linguagem, preocupada com a sintaxe e a semântica e seus pontos de conexão.

Apêndice I
Notações e terminologia

Neste apêndice, iremos apresentar um breve quadro das convenções notacionais e terminológicas novas ou menos familiares que utilizamos.

Um nível linguístico é um método de representar os enunciados. Ele tem um *vocabulário* finito de símbolos (no nível fonêmico, chamamos este vocabulário de *alfabeto* da língua) que pode ser colocado em uma sequência linear para formar *sequências* de símbolos através de uma operação chamada *concatenação*, simbolizada por +. Assim, no nível morfêmico em inglês, temos os elementos vocabulares *the, boy, S, past, come* etc., e podemos formar a sequência *the + boy + S + come + past* (que seria convertida por regras morfofonêmicas) representando o enunciado "the boys came" [os garotos vieram]. Fora do nível fonêmico, utilizamos itálico ou aspas para os símbolos do vocabulário e para as sequências representando os símbolos; no nível fonêmico, suprimimos o símbolo de concatenação + e usamos as barras oblíquas habituais, como no exemplo que acabamos de ver. Utilizamos X, Y, Z, W para representar variáveis nas sequências.

Às vezes, utilizamos o hífen no lugar do sinal de adição (+) para simbolizar a concatenação. Procedemos dessa forma para chamar uma atenção especial à subdivisão do enunciado que estamos estudando em um dado momento. Às vezes, utilizamos maior espaçamento com esse mesmo objetivo. Nenhum desses mecanismos notacionais tem qualquer relevância sistemática; eles foram introduzidos apenas por motivos de clareza da exposição. Na discussão sobre as transformações, utilizamos o hífen para indicar a subdivisão de uma sequência que é imposta por uma determinada transformação. Assim, quando dizemos que a transformação de pergunta T_{int} se aplica de maneira particular a uma sequência da forma

(118) $SN - have - en + V$ (cf. (37iii))

invertendo os dois primeiros segmentos, queremos dizer que ela se aplica a, por exemplo,

(119) *they – have – en + arrive*

já que *they* [eles] é um *SN* e *arrive* [chegar] é um *V* nessa sequência. O resultado da transformação nesse caso será

(120) *have – they – en + arrive*

e, finalmente, "have they arrived?" [eles chegaram?].

Uma regra da forma $X \rightarrow Y$ deve ser interpretada como a instrução "reescreva X como Y", em que X e Y são sequências. Usamos os parênteses para indicar que um elemento pode ou não ocorrer e as chaves (ou uma listagem) para indicar uma escolha entre os elementos. Então, ambas as regras (121i) e (121ii)

(121) (i) $\quad a \rightarrow b \, (c)$

(ii) $\quad a \rightarrow \left\{ \begin{array}{c} b + c \\ b \end{array} \right\}$

são abreviações para o par de alternativas: $a \rightarrow b + c, a \rightarrow b$.

A lista seguinte mostra as páginas em que ocorreram os símbolos especiais não mencionados acima, pela primeira vez:

(122)

SN	p. 37	*S*	p. 54
SV	p. 37	*Ø*	p. 54
Art	p. 37	*passado*	p. 54
N	p. 37	*Af*	p. 55
SN_{sing}	p. 40	*#*	p. 55
SN_{pl}	p. 40	*A*	p. 93
$[\Sigma, F]$	p. 41	*wh*	p. 100 n.2
Aux	p. 54	*Adj*	p. 104
V	p. 54	*SP*	p. 106
C	p. 54	*Prt*	p. 109
M	p. 54	*Comp*	p. 111
en	p. 54		

Capítulo 12

Apêndice II
Exemplos de regras de estrutura sintagmática e transformacionais em inglês

Para facilidade de referência, separamos aqui os exemplos de regras da gramática do inglês que desempenharam um papel importante ao longo de nossa discussão. O número à esquerda fornece a ordenação apropriada das regras, imaginando que esse esquema corresponda a um esboço de uma gramática da forma (35). O número que aparece entre parênteses à direita de cada regra é o número que a regra aparece no texto. Certas regras foram modificadas de seu formato original no texto devido a decisões subsequentes ou para apresentar maior sistematicidade.

Estrutura sintagmática

Σ: # Sentença #

F: 1. *Sentença* $\rightarrow$ *SN* + *SV*   (13i)

2. *SV* $\rightarrow$ *Verbo* + *SN*   (13iii)

3. *SN* $\rightarrow \begin{bmatrix} SN_{sing} \\ SN_{pl} \end{bmatrix}$ (p. 40, nota 3)

4. *SN_{sing}* $\rightarrow$ *T + N +* $\varnothing$ (p. 40, nota 3)

5. *SN_{pl}* $\rightarrow$ *T + N + S*   (p. 40, nota 3)

6. *T* $\rightarrow$ *the*   (13iv)

7. *N* $\rightarrow$ *man, ball* etc.   (13v)

8. *Verbo* → *Aux + V*   (28i)

9. *V*   → *hit, take, walk, read* etc.   (28ii)

10. *Aux* → *C(M) (have + en) (be+ing)*   (28iii)

11. *M*   → *will, can, may, shall, must*   (28iv)

Estrutura transformacional

Uma transformação é definida pela análise estrutural das sequências a que ela se aplica e pela mudança estrutural que ela provoca nessas sequências.

12. *Passiva* – opcional:

Análise estrutural: $SN - Aux - V - SN$

Mudança estrutural: $X_1 - X_2 - X_3 - X_4 \rightarrow X_4 - X_2 + be +$
$$en - X_3 - by + X_1 \tag{34}$$

13. T^{ob}_{sep} – obrigatória:

Análise estrutural: $\left\{ \begin{array}{l} X - V_1 - Prt - Pronome \\ X - V_2 - Comp - SN \end{array} \right\}$ (86)   (92)

Mudança estrutural: $X_1 - X_2 - X_3 - X_4 \rightarrow X_1 - X_2 - X_4 - X_3$

14. T^{fac}_{sep} – opcional:

Análise estrutural: $X - V1 - Prt - SN$ (85)

Mudança estrutural: a mesma de 13

15. *Transformação de número* – obrigatória

Análise estrutural: $X - C - Y$

Mudança estrutural: $C \rightarrow \left\{ \begin{array}{l} \text{S no contexto } SN_{sing} \underline{\quad} \\ \text{Ø em outros contextos} \\ \textit{Passado} \text{ em qualquer contexto} \end{array} \right\}$ (29i)

16. T_{neg} – opcional:

$$\text{Análise estrutural:} \quad \begin{cases} SN - C - V... \\ SN - C + M \underline{\quad} ... \\ SN - C + have \underline{\quad} ... \\ SN - C + be \underline{\quad} ... \end{cases} \qquad (37)$$

Mudança estrutural: $X_1 - X_2 - X_3 \rightarrow X_1 - X_2 + n't - X_3$

17. T_A – opcional:

Análise estrutural: a mesma de 16 (cf. (45) a (47))

Mudança estrutural: $X_1 - X_2 - X_3 \rightarrow X_1 - X_2 - A - X_3$

18. T_{int} – opcional:

Análise estrutural: a mesma de 16 (cf. (41) a (43))

Mudança estrutural: $X_1 - X_2 - X_3 \rightarrow X_2 - X_1 - X_3$

19. T_w – opcional e condicionada por T_{int}:

T_{w1}: Análise estrutural: $X - SN - Y$ (X ou Y podem ser nulos)

Mudança estrutural: a mesma de 18 (60i)

T_{w1}: Análise estrutural: $SN - X$ (60ii)

Mudança estrutural: $X_1 - X_2 \rightarrow wh + X_1 - X_2$

Em que wh + nome animado $\rightarrow who$

wh + nome não animado $\rightarrow what$

20. *Transformação do pulo do afixo* – obrigatória

Análise estrutural: $X - Af - v - Y$ (em que Af é qualquer

C ou é *en* ou é *ing*; v é

qualquer M ou V, ou é *have*

ou *be*) (29ii)

Mudança estrutural: $X_1 - X_2 - X_3 - X_4 \rightarrow X_1 - X_3 - X_2 \# - X_4$

21. *Transformação de limite de palavra* – obrigatória:

Análise estrutural: $X - Y$ (em que $X \neq v$ ou $Y \neq Af$)   (29iii)

Mudança estrutural: $X_1 - X_2 \rightarrow X_1 - \# X_2$

22. *Transformação de introdução de* do – obrigatória

Análise estrutural: $\# - Af$

Mudança estrutural: $X_1 - X_2 \rightarrow X_1 - do + X_2$

Transformações generalizadas

23. Conjunção   (26)

Análise estrutural: de S_1: $Z - X - W$

de S_2: $Z - X - W$

em que X é um elemento mínimo (p. ex., *SN*, *SV* etc.) e Z e W são segmentos de sequências terminais.

Mudança estrutural: $(X_1 - X_2 - X_3 ; X_4 - X_5 - X_6) \rightarrow X_1 - X_2 + and + X_5 - X_3$

24. T_{so}:   (48) a (50)

Análise estrutural: de S_1: a mesma de 16

de S_2: a mesma de 16

Mudança estrutural:

$(X_1 - X_2 - X_3; X_4 - X_5 - X_6) \rightarrow X_1 - X_2 - X_3 - and - so - X_5 - X_4$

A T_{so} é na verdade composta pela transformação de conjunção.

25. Transformação de nominalização T_{to}:

Análise estrutural: de S_1: $SN - SV$

de S_2: $X - SN - Y$ (X ou Y podem ser nulos)

Mudança estrutural: $(X_1 - X_2; X_3 - X_4 - X_5) \rightarrow X_3 - to + X_2 - X_5$

26. Transformação de nominalização T_{ing}:
Idêntica a 25, com o *ing* no lugar do *to* na
mudança estrutural.

27. Transformação de nominalização T_{Adj}:
Análise estrutural: de S_1: $T - N - is - Adj$
de S_2: a mesma de 25
Mudança estrutural: $(X_1 - X_2 - X_3 - X_4; X_5$
$- X_6 - X_7) \rightarrow X_5 - X_1 + X_4 + X_2 - X_7$

Estrutura morfofonêmica

Regras (19); (45)

Temos então três conjuntos de regras, como em (35): regras de estrutura sintagmática, regras transformacionais (incluindo as transformações simples e as generalizadas) e regras morfofonêmicas [104]. A ordem das regras é essencial e, em uma gramática formulada adequadamente, essa ordem seria indicada em todas as três seções, juntamente com uma distinção entre as regras obrigatórias e as opcionais e, pelo menos na parte transformacional, algo sobre a dependência condicional entre as regras. O resultado da aplicação de todas essas regas é uma derivação estendida (como (13)-(30)-(31)), terminando em uma sequência de fonemas da língua analisada, isto é, em um enunciado gramatical. Essa formulação das regras transformacionais deve ser entendida apenas como sugestiva. Não desenvolvemos a maquinaria suficiente para apresentar todas as regras de maneira apropriada e uniforme. Veja as referências citadas na nota 24 para um desenvolvimento mais detalhado e para uma aplicação da análise transformacional.

Comentários ao texto de Chomsky

[1] O livro de Chomsky teve imediata repercussão no mundo acadêmico em grande parte por causa de uma resenha contundente de R. Lees, publicada na revista *Language* ainda em 1957. Para Lees, o livro é "uma das primeiras tentativas sérias de um linguista para construir [...] uma teoria abrangente de linguagem que possa ser entendida no mesmo sentido em que uma teoria química ou biológica é comumente entendida em Química ou Biologia. Não se trata de uma mera reorganização de dados em um formato de catálogo bibliotecário, nem outra filosofia especulativa sobre a natureza do homem e da linguagem; é, antes, uma explicação rigorosa de nossas intuições sobre a linguagem em termos de um sistema axiomático explícito, com teoremas derivados deste sistema, resultados explícitos que podem ser comparados com novos dados e com outras intuições, tudo baseado plenamente em uma teoria explícita da estrutura interna das línguas" (LEES, 1957, p. 377-378).

[2] Por "forma de gramática", Chomsky quer dizer, aqui, o que frequentemente se chama de "modelo de gramática": um sistema organizado de níveis linguísticos (cada qual com seus próprios elementos, regras etc.), que determina de modo preciso como uma língua deve ser descrita.

[3] Em inglês, *meaningful* e *significant*, respectivamente.

[4] A sentença em (1) ficou tão famosa que até recebeu uma entrada na maior enciclopédia virtual da atualidade, a Wikipedia (cf. www.wikipedia.org). Observe-se que, embora a sentença (2) seja agramatical em inglês, sua versão em português seria bem formada (ao menos, na variedade padrão da língua portuguesa). Além disso, observe-se que Chomsky faz, neste e em outros pontos do texto, um pequeno abuso de linguagem – que manteremos nesta tradução: chama de "sentença" a sequência de palavras em (2), que é *não* gramatical em inglês. Estritamente, são "sentenças" apenas as sequências *gramaticais* da língua. Portanto, embora possua as mesmas palavras que a sequência em (1) – que é uma "sentença" em sentido estrito –, a sequência em (2) é, na verdade, uma "não sentença". Mas, seguindo a terminologia universalmente adotada, chamaremos as "não sentenças" de "sentenças agramaticais".

[5] As sentenças em (3), (4), (5) e (6) seriam literalmente traduzidas por:

> (3) Tem você um livro sobre música moderna? (isto é, "Você tem um livro sobre música moderna?")
> (4) O livro parece interessante.
> (5) *Leu você um livro sobre música contemporânea.
> (6) *A criança parece dormindo.

As sentenças (5) e (6) são agramaticais em inglês, mas não são, no texto de Chomsky, marcadas pelo asterisco (*), que é a notação para sequências agramaticais universalmente adotada desde a década de 1960 em obras de teoria gramatical. Nos comentários e traduções de exemplos que faremos nas notas dos tradutores, utilizaremos a convenção de marcar com asterisco as sequências agramaticais. A primeira publicação que utilizou o asterisco para marcar sequências agramaticais apareceu apenas três anos depois de *Estruturas sintáticas*. Trata-se do *The Grammar of English Nominalizations*, de R. Lees, publicado em 1960.

[6] Essa afirmação de Chomsky foi contestada por Fernando Pereira, que mostra que (2) é 200.000 vezes menos provável de ocorrer em um *corpus* do inglês do que a sentença (1). Logo, elas não "seriam excluídas com base nos mesmos motivos, como igualmente 'remotas' em inglês".

[7] A norma tradicional exigiria aqui utilização da chamada "passiva pronominal", e a concomitante concordância com "enunciados gramaticais". Portanto, "a capacidade de se produzirem e reconhecerem enunciados gramaticais". Entretanto, parece-nos que essa construção está completamente obsoleta em português brasileiro culto contemporâneo. Por essa razão, utilizamos, aqui e em outros contextos na presente tradução a construção mais corrente, em que o pronome se é usado como marca de indeterminação do sujeito, inclusive com verbos transitivos.

[8] Traduzimos phonemic structure e morphemic structure por "estrutura fonêmica" e "estrutura morfêmica", respectivamente, diferentemente da edição portuguesa, que traduz esses termos por "estrutura fonológica" e "estrutura morfológica". Há duas razões básicas para essa decisão: (i) os termos "fonêmico" e "morfêmico" estão também disponíveis em português, sendo mais próximos aos de Chomsky; (ii) adotá-los é mais fiel à história da terminologia linguística, uma vez que Estruturas sintáticas deve muito, reconhecidamente, à tradição estruturalista bloomfieldiana e harrisiana, em que se fala de "estrutura fonêmica" e "estrutura morfêmica" como "níveis de análise" – por oposição à fonologia como "o estudo da estrutura fonêmica" e à morfologia como "o estudo da estrutura morfêmica". Chomsky (1955) utiliza essa mesma terminologia. A distinção entre "níveis de representação gramatical" e "componentes de regras que geram níveis de representação" é fundamental em teoria gramatical. Veja, nesse sentido, a existência de modelos contemporâneos baseados apenas em "restrições sobre representações", como é o caso da Head-Driven Phrase Structure Grammar (HPSG), da Lexical-Functional Grammar (LFG) e da Teoria da Otimidade (em inglês, Optimality Theory, OT). Mas essa distinção só começa a ganhar ênfase a partir da década de 1960; em estudos de sintaxe, isso acontece especialmente a partir de Chomsky (1965), por causa do debate sobre a hipótese de que a "estrutura profunda" seria um "nível de interpretação semântica" da frase. Já a ideia de que a fonologia é um "componente de regras" que gera diferentes tipos de "representações gramaticais" – entre as quais a

representação fonêmica de morfemas e palavras – só ganha expressão definitiva com a obra *The Sound Pattern of English*, que Chomsky publicou com Morris Halle em 1968.

[9] Aqui aparece pela primeira vez o verbo *to generate* [gerar] no texto, de onde vem o termo "gramática gerativa": *Estruturas Sintáticas* (juntamente com o já mencionado *The Logical Structure of Linguistic Theory*) é considerado o livro fundamental do primeiro modelo da gramática gerativa. Cabe aqui uma citação de Harris (1993: 171-172): "O desenvolvimento teórico de Chomsky normalmente é conhecido por ser pontuado por quatro modelos gramaticais principais [...]. Estes geralmente levam os nomes de *teoria transformacional inicial, teoria padrão, teoria padrão estendida* e *teoria da regência e ligação*. Cada um destes modelos, com exceção de um, é associado com algum texto importante de Chomsky: *Syntactic Structures* (ou mais propriamente *The Logical Structure of Linguistic Theory*) com a teoria inicial, *Aspects* com a teoria padrão, e *Lectures on Government and Binding* com seu modelo mais atual [a Teoria da Regência e Ligação à época do livro de Harris; hoje, o modelo mais atual é o Programa Minimalista]. O modelo diferente é a teoria padrão estendida, que tem como texto mais importante não uma obra de Chomsky, mas de [Ray] Jackendoff: *Semantic Interpretation in Generative Grammar* (1972)". Cf. também o comentário final do capítulo 5, para esclarecimento do que Chomsky quer dizer com "gerar".

[10] Isto é, transições que retornam ao estado de onde partiram, como a que produz *old* [velho] no diagrama (8). O termo inglês correspondente a "transições fechadas"é *closed loops* – literalmente, "laços fechados". A terminologia usual em ciências da computação adotou, mesmo em português, o termo inglês *looping*.

[11] Ou "processos de Markov". Os "processos markovianos" podem ser caracterizados por meio de um conjunto de transições temporais entre dois pontos sem necessidade de "memória prévia", anterior ao ponto inicial da transição atual. Em estatística e em teoria da probabilidade, são utilizados

para caracterizar processos em que as previsões sobre o futuro imediato, numa sucessão de eventos, baseadas apenas no presente, são tão boas quanto as previsões baseadas em conhecimento prévio mais amplo sobre a história do processo. Usa-se ainda o termo "cadeia markoviana" para um processo markoviano com um conjunto de estados sucessivos *discretos* – como as cadeias de estados finitos discutidas por Chomsky no presente capítulo. O termo "markoviano" é homenagem a Andrey Andreyevich Markov (14/01/1856-20/07/1922), matemático russo que desenvolveu a teoria dos processos acima descritos.

[12] Ou melhor: quando se fornece seu "alfabeto" e um modo de se obter, a partir desse alfabeto, o conjunto de sentenças gramaticais desta língua. Um modo de se obter tais sentenças é dispor de regras que combinem os símbolos do "alfabeto".

[13] Intuitivamente falando, línguas de estados finitos são aquelas cujas sentenças podem ser definidas pela concatenação, passo a passo, de apenas um de seus símbolos básicos – ou "terminais". Mas as sentenças das línguas descritas em (10) não podem ser assim definidas. Considere, por exemplo, a língua em (10i), cujos símbolos básicos são as letras *a* e *b*. As sentenças dessa língua são facilmente definíveis por meio do seguinte conjunto de regras ("de estrutura sintagmática", que serão apresentadas no capítulo 4):

$S \rightarrow ab$
$S \rightarrow aSb$

Esse conjunto de regras, entretanto, não é uma "gramática de estado finito", especialmente por causa da segunda regra, que precisa adicionar simultaneamente dois símbolos. É possível construir as sentenças da língua em (10i) adicionando apenas um símbolo básico; mas, para isso, precisaríamos recorrer a expressões que não são sentenças da língua. Por exemplo, no seguinte conjunto de regras:

$$S \rightarrow ab$$
$$Q \rightarrow a\,S$$
$$S \rightarrow Q\,b$$

Com essas regras, é possível obter a sentença *aabb* (e também *aaabbb* etc.) pela concatenação, passo a passo, de apenas um símbolo básico; mas é preciso recorrer a símbolos não terminais – especificamente, ao símbolo Q. A necessidade desse símbolo não terminal é o que revela que a "gramática" em (ii) *não* é uma "gramática de estado finito", mas uma "gramática de regras sintagmáticas" – isto é, que recorrem a símbolos para "sintagmas". Os sintagmas são classes de expressões que, como as sentenças, agrupam símbolos terminais; mas os sintagmas são menores que as sentenças. Ver a discussão de Chomsky no próximo capítulo.

[14] Um exemplo concreto de sentença com forma similar à ilustrada por (12) seria (12′): (12′) Se o despertador não tocar ou Paulo esquecer de acioná-lo, então Paulo perderá o voo.

[15] O que Chomsky parece ter em mente nesse trecho é o seguinte raciocínio: se todos os níveis de representação gramatical possuem as limitações apresentadas por uma gramática de estados finitos, então todos serão intrinsecamente incapazes de lidar com o tipo de dependência gramatical discutido na presente seção (p. ex., sentenças com a estrutura de (12)). Mas, nesse caso, não haverá nível de representação capaz de descrever o tipo de infinitude linguística expresso por tais dependências. Disso, Chomsky parece inferir que tal infinitude teria de advir, então, da inexistência de um limite no número de níveis em que se poderia analisar uma sentença.

[16] Observe-se o ponto que Chomsky está tentando fazer nesse trecho: a ideia de organizar os níveis de representação de modo hierárquico permite, em princípio, simplificar qualquer descrição gramatical – inclusive uma gramática de estados finitos que pudesse ser utilizada na

descrição de uma língua complexa como o inglês. Mas, mesmo com o recurso da organização em níveis, tal gramática continuaria sendo incapaz de expressar certas propriedades do inglês – como, por exemplo, a recursividade de dependências não adjacentes linearmente.

[17] Acreditamos que a palavra *parsing*, além de não ter uma tradução adequada para o português, já é um termo de uso consagrado em Linguística hoje. O termo vem da expressão latina *pars orationes* (partes do discurso). Efetuar o *parsing* de uma sentença significa segmentar a frase em suas partes do discurso, isto é, em palavras e agrupamentos de palavras. Modernamente, *parsing* costuma dizer respeito à interpretação automática (ou semiautomática) de sentenças de linguagem natural por meio de programas de computador conhecidos como *parsers*.

[18] No original, *conjunction*. O termo, na tradição gramatical inglesa, refere-se tanto ao processo de *conjoining clauses* ("unir" ou "juntar orações") quanto às expressões utilizadas para isso – especialmente, a conjunção *and* [e]. Trata-se da "coordenação", um dos "processos de composição do período" reconhecidos pela tradição gramatical brasileira.

[19] Note que, com as frases gramaticais do português correspondentes a (22a,b), não seria possível aplicar o processo porque não terminam na mesma palavra: a frase correspondente a (22a) termina em "(rio) *abaixo*" e a correspondente a (22b), em "(rio) *acima*". Mas pode-se replicar o argumento com o seguinte caso:

(i)   a. O – irmão brigou – com a irmã
          b. O – vizinho discutiu – com a irmã

Se tentássemos coordenar os aparentes constituintes segmentados no interior de (ia) e (ib), o resultado seria:

(ii)   O – irmão brigou e vizinho discutiu – com a irmã.

A sequência é claramente malformada em português.

[20] Na verdade, sob certas circustâncias podemos coordenar sintagmas de tipos diferentes ("rotulados de maneira diferente") se eles exercerem a mesma função sintática e semântica na frase, em especial a função de adjuntos adverbiais. Assim é que temos, em português, [Amanhã] e [no final de semana] os alunos terão aula de sintaxe / Eu gosto de jogar basquete [no frio] e [quando faz muito calor] / Eu visitei o Pedro duas vezes: [ontem] e [semana passada].

[21] A diferença que Chomsky está tentando apontar aqui é que uma regra sintagmática "expande" um símbolo diretamente, sem consideração de sua origem derivacional. Por exemplo, considere como a regra $SN \rightarrow det\ N$ expande o símbolo SN. Esse símbolo surge no curso de uma derivação por meio de alguma regra qualquer: em (ia) abaixo, surge pela aplicação da regra $S \rightarrow SN\ SV$; em (ib), pela aplicação de $SV \rightarrow V\ SN$:

(i)   a. $[_S\ \ SN\ \ SV\ _S]$
          b. $[_{SV}\ \ V\ \ SN\ _{SV}]$

Aplique-se a (ia) ou a (ib), o resultado da regra será o mesmo: ela expandirá o SN em [$det\ N$] esteja o SN onde estiver. É nesse sentido que a "história derivacional" de uma sequência é irrelevante para a aplicação de uma regra sintagmática a ela.

A regra da coordenação, como formulada em (26), é completamente diferente nesse sentido. Por exemplo, para aplicá-la, precisamos verificar a existência de duas sentenças *estruturalmente idênticas* exceto pela forma dos constituintes a serem coordenados. Isso impede a coordenação de constituintes de sentenças cuja *forma* é idêntica, mas não sua "história derivacional" – a estrutura de constituintes. Eis um exemplo:

(ii)   a. Maria abraçou o irmão – de Joana.
        b. Maria abraçou o irmão – de Paula.
        c. Maria abraçou o irmão – de manhã.

Obviamente, [*de Joana*] e [*de Paula*] são sintagmas preposicionais (SP) que são introduzidos como parte do SN contendo o substantivo *irmão* – digamos, por meio da regra *SN → det N SP*. (Em termos tradicionais, são "adjuntos adnominais" de *irmão*.) Já o SP [*de manhã*] é introduzido como parte do SV cujo núcleo é *abraçou* – digamos, pela regra *SV → V SN SP*. (Em termos tradicionais, trata-se de um adjunto adverbial de tempo.) Portanto, há diferença entre a "história derivacional" dos SPs em (iia,b) e a do SP em (iic). Concomitamente, apenas os SPs em (iia,b) podem ser coordenados:

(iii)   a. Maria abraçou o irmão de Joana e de Paula.
         b. *Maria abraçou o irmão de Joana e de manhã.

É preciso dizer que é possível expressar, em larga medida, as propriedades da coordenação por meio de regras sintagmáticas, mas isso exigiria várias regras, e não apenas uma:

(iv)   a. *SV → SV e SV*
        b. *SN → SN e SN*
        c. *SP → SP e SP* etc.

A possibilidade de unificar tais regras só poderá ser explorada com a introdução de regras sintagmáticas "gerais", não mais específicas a categorias. Uma teoria desse tipo, chamada de "teoria X-barra", foi introduzida por Chomsky (1970) e é, hoje, a base da maior parte das concepções modernas sobre a estrutura de constituintes. Nessa teoria, a coordenação pode ser expressa, simplesmente, pela regra em (v), em que "X" é uma variável que cobre todas as categorias – S, SV, SN etc.

(v)   *X → X e X*

[22] Isto é, não apenas simplificam significativamente a descrição gramatical como fornecem um critério de identificação de constituintes. Por-

tanto, essas outras regras – sendo do mesmo tipo geral de (26) – reforçam o ponto de Chomsky: mostram que uma gramática de estrutura sintagmática não é capaz de descrever todas as estruturas sentenciais do inglês.

[23] O verbo *will* é um auxiliar para a expressão de tempo futuro em inglês. O português padrão conta com uma forma flexionada própria para o futuro – nesse caso, *pegará*. Mas em português brasileiro corrente, usa-se também a forma perifrástica *vai pegar*, em que o verbo *ir* é utilizado como auxiliar de futuro – tal como *will* em inglês.

[24] O tempo verbal utilizado na frase em inglês é o chamado "present perfect", que frequentemente expressa um "passado recente". Portanto, um significado possível, mais comum, da frase inglesa seria: "João leu (há pouco, recentemente) o livro".

[25] O uso do verbo *do* na frase inglesa é o correspondente afirmativo do uso do mesmo verbo em sentenças negativas – *do* é um auxiliar sem significado específico, que enfatiza a "polaridade" da sentença; no caso de *John does read books*, o verbo *do* tem uma função de "enfatizar a afirmação". É claro que a tradução literal brasileira não tem esse significado. Uma tradução mais aproximada da frase inglesa seria "João *de fato/sem dúvida/com efeito* lê livros".

[26] Observe-se que, embora Chomsky diga na nota 5 que o sinal "+" indica um "concatenador ao nível da estrutura sintagmática", essa caracterização não é completamente fiel ao uso que Chomsky faz desse símbolo. Por exemplo, na derivação em (30), o símbolo "+" aparece concatenando os morfemas "read" e "-ing", cuja combinação não é resultado de uma regra sintagmática, mas de uma regra transformacional (a regra (29ii)). Em nossa tradução, utilizamos o hífen para assinalar afixos e distingui-los dos "lexemas", isto é, das palavras a que se aplicam. Chomsky não fez uso dessa notação tradicional no texto original. Finalmente, observe-se que o símbolo "#" define os limites de "palavras superficiais" sobre os quais as regras morfofonêmicas atuarão. Assim, as regras sintagmáticas produzem, por exemplo, uma sequência ... [$_{Aux}$ -S

have + -en be + -ing] V ...; a regra (29ii) transforma esta sequência em ... [$_{Aux}$ *have + -S # be + -en #*] V + -*ing#* ...; finalmente, as regras morfofonêmicas atuam sobre esta "estrutura de superfície", fornecendo ... [$_{Aux}$ *has # been #*] V*ing #*.

[27] Que a regra em (29i) vai além do que se pode expressar em uma gramática markoviana de estado finito é claro: para reescrever o símbolo C não basta simplesmente consultá-lo, é preciso consultar outros elementos do contexto sintático. Mas é sabido que a regra poderia ser expressa em uma gramática de regras sintagmáticas. Por exemplo, a gramática sintagmática abaixo, junto com as demais regras propostas por Chomsky, seria capaz disso:

$$S \rightarrow SN_{pl} + SV_{pl}$$
$$S \rightarrow SN_{sg} + SV_{sg}$$
...
$$SV_{pl} \rightarrow Aux_{pl} + V_{pl} + ...$$
$$SV_{sg} \rightarrow Aux_{sg} + V_{sg} + ...$$
...
$$C_{pl} \rightarrow -\emptyset$$
$$C_{sg} \rightarrow -S$$

O problema dessa gramática, entretanto, é que ela exige multiplicar a informação de concordância, resultando na duplicação de praticamente todas as regras sintagmáticas envolvendo termos concordantes. Esse é um dos exemplos do chamado "problema da classificação cruzada", que Chomsky discute em *Aspects of the Theory of Syntax*. Para resolver esse e outros casos do mesmo tipo, Chomsky propôs, naquela obra, a separação entre o léxico e o conjunto das regras sintagmáticas – evidentemente, expressando de modo um pouco mais formal a distinção que a tradição gramatical já fazia entre "dicionário" e "gramática".

[28] A operação não pode ser expressa por uma regra sintagmática porque não se trata da simples expansão de um símbolo. Antes, a regra

precisa saber que símbolos já foram inseridos por regras prévias para então manipulá-los. Por exemplo, dependendo das regras sintagmáticas aplicadas, pode-se chegar a uma sequência como (ia) ou como (ib) em português:

(i) a. ... [$_{AUX}$ *ter* + *-do*] + [$_{SV}$ *comer* + ...
     b. ... [$_{AUX}$ *estar* + *-ndo*] + [$_{SV}$ *comer* + ...

A operação (29ii) resultará na "fusão" de material que pertence ao auxiliar com o material do verbo – isto é, de duas categorias que foram introduzidas previamente de modo independente:

(ii) a. ... [$_{AUX}$ *ter*] + [$_{SV}$ [$_V$ *comer* + *-do*] + ...
      b. ... [$_{AUX}$ *estar*] + [$_V$ *comer* + *-ndo*] + ...

[29] O morfema *-ing* de gerúndio em inglês não possui exatamente os mesmos usos que o morfema *-ndo* de gerúndio do português. Ambos são utilizados (junto com o auxiliar correspondente, *be* em inglês e *estar* em português) na formação dos tempos progressivos: este é o uso descrito pela regra (28iii) e exemplificado pela sentença (31). Na discussão relativa a (32), entretanto, os morfemas do inglês e do português diferem: como (32) mostra, o inglês pode utilizar tanto o gerúndio (V + *-ing*) quanto o infinitivo (*to* + V) para "nominalizar" um verbo (ou para formar uma oração reduzida substantiva); as traduções literais das frases inglesas para o português revelam que, em português, a mesma operação só é possível com o infinitivo.

[30] Mas não inverterá *to* e *prove*. Chomsky deixa de observar aqui que a regra de inversão deve se aplicar a *afixos*; e, embora *ing* e *to* devam ser semelhantes em alguns aspectos, *to* não é um afixo.

[31] A análise de Chomsky apresentada aqui para o sistema de "auxiliares"do inglês – incluindo, na verdade, o sistema de flexões verbais do inglês – teve um caráter revolucionário na descrição grama-

tical. Muitos a apontam como um dos fatores que mais contribuíram para o rápido sucesso da teoria transformacional entre os linguistas (cf. NEWMEYER, 1980). A análise difere das descrições gramaticais tradicionais em um aspecto fundamental: ela apresenta os elementos sufixas do verbo – os morfemas de concordância e de tempo do inglês – como sendo "sintaticamente autônomos", isto é, como unidades sintáticas independentes do verbo que os porta na "superfície" da frase. Coloca, portanto, em cheque as fronteiras tradicionais entre sintaxe e morfologia, bem como a ideia tradicional de que a sintaxe descreve "combinações de palavras". A análise dos "auxiliares" de Chomsky veio a se tornar um dos tópicos centrais da pesquisa em sintaxe, dando origem a artigos clássicos, que ora argumentam contra ela, ora a exploram em várias direções. Dentro da tradição chomskiana, a análise dos auxiliares foi um dos elementos que deram origem à chamada "teoria das categorias funcionais", sugerida por Chomsky em *Barriers*, de 1986, generalizada em trabalhos como o de Fukui e Speas (1986) e o de Abney (1987). Dentro da teoria das "categorias funcionais", o artigo clássico que estende, revisita e expande de maneira mais profunda a análise de Chomsky é de Pollock (1989). Veja também Lasnik, Depiante e Stepanov (2000).

[32] (29i) é a regra que insere os afixos verbais de concordância e tempo em inglês. Note-se que essa regra é formulada como uma "regra de reescrita sensível ao contexto". Isto é, como Chomsky observa logo em seguida, discutindo a estrutura das gramáticas descrita em (35), as regras morfofonêmicas possuem a mesma forma que as regras de estrutura sintagmática: combinação de palavras em sintagmas.

[33] Considere-se, por exemplo, a sentença ativa "[$_{SN1}$ Todos os professores] conheciam [$_{SN2}$ o histórico de Maria]": o sujeito é o SN1, "todos os professores", que é um SNpl ; assim, a forma verbal aparece no plural ("conheciam"). A sentença passiva correspondente seria "[SN2 O histórico de Maria] era conhecido por [$_{SN1}$ todos os professores]": o sujeito, agora, é o SN2, "o histórico de Maria", que é um SN$_{sing}$; por isso, a

forma verbal – agora, o verbo "ser", o auxiliar da passiva – aparece no singular ("era").

[34] (29ii) é a regra que posiciona os afixos nas formas verbais na superfície da frase. Como Chomsky discute na seção 5.3, o efeito da regra é deslocar um afixo que é inserido como parte de um constituinte auxiliar para o verbo que segue imediatamente este auxiliar: por exemplo, o sufixo -ndo é inserido como parte do auxiliar [estar + -ndo] de aspecto progressivo, resultando [V + -ndo] depois que (29ii) é aplicada. Por isso, a regra ficou conhecida pelo nome de Affix Hopping – ou "Pulo do Afixo", em português.

[35] Em inglês, "the kernel of the language" – que poderia também ser traduzido de "o cerne da língua". Optamos por verter kernel para "núcleo" em função da tradução consagrada em português para outro termo que aparecerá logo abaixo, as chamadas kernel sentences – ou "sentenças nucleares".

[36] Isto é, a ordem com que os morfemas aparecem na "frase concreta", tal como a escutamos – o que posteriormente veio a ser chamado de "estrutura de superfície" da frase (cf. CHOMSKY, 1965).

[37] Note que, aqui, Chomsky entende por "palavra" uma sequência abstrata de "morfemas" (raízes e afixos) concatenados pelo operador "+". A função das "regras morfofonêmicas" é precisamente identificar como essa combinação deve ser realizada foneticamente, concretamente. Isso fica muito claro, por exemplo, quando se observa a regra morfofonêmica que Chomsky fornece para o passado de take (cf. regra (13ii) na subseção 4.3 acima):

take + passado → /tuk/

A forma realizada não pode ser segmentada em subformas que correspondam aos "morfemas abstratos" que a compõem. Sob essa perspectiva, a estrutura da gramática no modelo adotado em Estruturas Sintáticas é similar àquela apresentada, correntemente, por modelos como a Morfologia Distribuída, em que a "inserção de formas vocabulares" é "tardia" – isto é, não é simultânea com a inserção de itens lexicais na estrutura sintática. E opõe-se a modelos como a concepção minimalista clássica, em que itens lexicais são inseridos com suas flexões.

[38] O termo de Chomsky é *representing strings*, literalmente "sequências representantes". A nosso ver, o que Chomsky quer dizer é que o enunciado é composto de um conjunto de sequências que possuem uma representação em termos de estrutura de constituintes – e a estrutura de constituintes do enunciado (o diagrama da forma (15)) é a representação que resulta da união dessas sequências estruturalmente representadas.

[39] O que Chomsky quer dizer é que, *naquilo que concerne ao conhecimento gramatical envolvido*, essas tarefas são essencialmente as mesmas. Mas é claro que, *no todo*, são tarefas bastante diferentes.

[40] Note-se que este trecho deixa muito claro que, para Chomsky, "gerar" não é "produzir", mas caracterizar ou analisar explicitamente uma sentença.

[41] Enfatize-se: por "forma da gramática", Chomsky quer dizer: (a) quais componentes, ou "níveis de análise", a gramática exige; (b) como esses componentes são caracterizados – que elementos e que tipos de regras incluem; e (c) como eles se articulam entre si – quais os níveis inferiores, quais os superiores, como os elementos de nível inferior participam da formação de elementos do nível superior etc. Por exemplo, na proposta defendida por Chomsky neste livro, as gramáticas das línguas naturais devem ter a forma sintetizada em (35), no capítulo 5.

[42] Evidentemente, o problema aqui é que o verbo *take* [tomar, pegar] é um verbo irregular em inglês: sua forma de passado simples não faz uso do sufixo *-ed*, pronunciado /-t/ ou /-d/ conforme a terminação do radical do verbo em inglês. O verbo *take* faz o passado simples por meio da forma *took*, isto é, por alteração da vogal do radical – o que acontece

com alguns poucos outros casos (por exemplo, *shake*) e, por isso, não é considerada uma "manifestação" regular do morfema *-ed*.

[43] É preciso ter em mente que Chomsky está escrevendo no final da década de 1950, contra a visão hegemônica na linguística americana da época – dominada pelos postulados apresentados por Leonard Bloomfield. Segundo essa visão, o estudo da sintaxe era "prematuro" não apenas porque exigia a solução dos problemas encontrados na descrição fonêmica e morfofonêmica, como Chomsky aponta no texto, mas também porque se acreditava que a análise da sintaxe requeria apelo ao estudo do significado, e não havia nenhuma teoria estabelecida do significado das expressões linguísticas. Para alguma discussão, ver Newmeyer (1980).

[44] Em inglês, *kernel* – isto é, o "núcleo da língua", tal como definido na seção 5.5.

[45] A regra que Chomsky discute na presente seção não tem correspondente direto em português. Trata-se da regra de colocação da partícula de negação *not* [não], do inglês, que possui distribuição sensível a vários fatores – se a sentença afirmativa correspondente possui ou não auxiliar, o tipo de auxiliar etc. Em português, a partícula de negação sentencial *não* possui distribuição muito mais simples: precede *Aux*, seja qual for a composição desse constituinte, como os exemplos abaixo mostram:

(i) João *não* veio ao encontro.
(ii) João *não* vai vir ao encontro.
(iii) João *não* tinha vindo ao encontro.

Assim, à primeira vista, poderíamos introduzir a partícula *não* simplesmente por meio da regra do português correspondente a (28iii), como (iv) abaixo – sem necessidade de uma transformação.

(iv) *Aux* → (*Neg*) + C + ...

Na verdade, a construção é mais complicada, porque afeta outros constituintes. Para citar apenas uma das complicações: se se trata de negar uma sentença com sujeito indefinido, a negação se manifesta apenas no sujeito, sem necessidade do advérbio *não*:

(v) Não é verdade que alguém encontrou Maria →
Ninguém encontrou Maria.
*Ninguém não encontrou Maria.

Se se trata de negar uma sentença com objeto indefinido, então *não* é necessário:

(vi) Não é verdade que Maria encontrou alguém →
*Maria encontrou ninguém.
Maria não encontrou ninguém.

Para uma das discussões das sentenças negativas em português, ver Mioto (1992).

[46] Segundo a descrição gramatical tradicional do inglês, o verbo *do* [fazer] é um "verbo principal" quando utilizado com o significado 'fazer', como em "John *does* his homework" [O João *faz* o tema de casa], e é um "verbo auxiliar" quando utilizado para formar sentenças negativas e interrogativas. De fato, nesses dois últimos casos, o verbo não possui nenhuma forma que lhe corresponda nas versões portuguesas das sentenças inglesas, cf. "*Does* John smoke?" [O João fuma?] e "John *doesn't* smoke" [João não fuma].

O que a regra (40) de Chomsky expressa é a seguinte ideia: o uso do auxiliar *do* em inglês é exigido quando, por alguma razão, um afixo de *Aux* – especialmente, uma expansão de C, isto é, -S, -Ø ou -*passado* – tiver à sua esquerda uma fronteira de palavra, e não um radical verbal para sustentá-lo. Isto é, o auxiliar *do* é inserido para sustentar um afixo verbal que, de outro modo, ficaria "solto" na frase. Trata-se do que posteriormente veio a ser chamado de "operação de último recurso" – operação gramatical necessária para "consertar" uma estrutura malformada resultante de outros processos gramaticais. A ideia passou a ter papel dominante em teoria gramatical a partir dos anos 1990. Ver, nesse sentido, Chomsky (1991).

[47] Isto é, no conjunto de estruturas da língua geradas apenas por meio das regras sintagmáticas.

[48] Isto é, "transformação interrogativa" – de formação de "orações interrogativas", que é o termo da tradição gramatical brasileira para sentenças que expressam "interrogações", ou seja, perguntas.

[49] Também a transformação interrogativa (T_{int}), tal como Chomsky a formula para o inglês, não pode ser estendida para o português. Para formarmos perguntas do tipo "sim-ou-não", não precisamos modificar a estrutura sintática da sentença declarativa em português; precisamos apenas modificar sua entoação. Cf. os exemplos:

(i)   a) O João chegou.
      b) O João chegou?
(iii) a) O João está vindo.
      b) O João está vindo?

Para a diferença de entoação entre declarativas e interrogativas em português, ver "Entoação oracional"em Cunha e Cintra (1985).
Por outro lado, é verdade que, na presença de auxiliares e de condições adequadas, o português formal possui a possibilidade de inverter o auxiliar com o sujeito – regra semelhante à que é obrigatória em inglês:

(iii) a) O Paulo teria encontrado algum modo de dizer a verdade à Maria.
      b) Teria o Paulo encontrado algum modo de dizer a verdade à Maria?

[50] Em inglês, usa-se acento forte, ou "contrastivo" sobre os verbos auxiliares para se dar ênfase assertiva ou confirmatória a uma sentença afirmativa. Isso pode ser feito também com o auxiliar *do* nas sentenças que não possuem auxiliar. Por exemplo, diante de uma pergunta como "Are you sure that John lives here? I've never seen him around". [Você tem certeza que o João vive aqui? Eu nunca o vi andando por aqui.], um falante poderia assertar ou confirmar: "He *does* live here! It's just that he's on vacation right now." [*É claro que* ele vive aqui! Só que ele está de férias neste momento.]

[51] Como as demais transformações desta seção, também a T_{so} não é uma construção encontrada em português. As traduções portuguesas das sentenças em (50) mostram que a construção correspondente do português é bastante diferente. Em primeiro lugar, não usamos o advérbio correspondente ao inglês *so* (que seria literalmente traduzido por "assim"; portanto, literalmente, *John can arrive and so can I* seria "João pode chegar, e assim posso eu"); usamos, antes, o advérbio *também*. Nossa construção não requer nem a presença, nem a inversão do sujeito (cf. as traduções de (50i) e (50ii)). E, na ausência de um auxiliar, poderia manifestar o verbo principal, sem necessidade da inserção de um auxiliar como *do* (cf. a tradução de (50i)). Traduzimos os exemplos do inglês para o português com o verbo *ir* (em vez de *chegar*, tradução literal de *arrive*) para maior plausibilidade pragmática do exemplo (50i).

[52] Isto é, a partir de (52i) é possível derivar de dois modos uma oração negativa em inglês. Segundo Chomsky, isso se deve ao fato de que, em (52i), o verbo *have* pode ser analisado ora como um "verbo principal" (nesse caso, de acordo com a análise em (37i)), ora como um verbo auxiliar (nesse caso, de acordo com a análise em (37iii)). Evidentemente, não possuímos essas alternativas em português, e ambas as estruturas em (53i) e (53ii) são expressas por uma única sentença em português. Note-se que, ainda que Chomsky fale de "negação ambígua" para caracterizar as possibilidades em (53), não se trata de "ambiguidade" em

sentido estrito: ambas as sentenças têm a mesma interpretação no que diz respeito à negação, significando algo como "Não é verdade que João tem uma chance de viver".

[53] O que Chomsky está querendo dizer aqui é que, do ponto de vista distribucional – com que elementos o verbo de ligação *be* [ser] se combina para formar o SV –, não há qualquer semelhança entre *be* e verbos transitivos, intransitivos etc.: o verbo *be* – como *ser* em português – não toma objetos diretos e indiretos como complementos, não pode ser modificado pelos mesmos adjuntos adverbiais etc. É função das regras sintagmáticas, no modelo adotado em *Estruturas Sintáticas*, expressar precisamente esse tipo de possibilidade combinatória dos verbos.

[54] Isto é, *have* pode ser inserido como um verbo principal, por meio das regras que introduzem verbos transitivos (em (28ii)), ou pode ser introduzido como um verbo auxiliar – o próprio *have* – por meio da regra de *Aux* (em (28iii)).

[55] O pronome interrogativo *who* corresponde a "quem" em português, e *what* corresponde a "o que".

[56] Observe-se que, ao postular a transformação T_{adj}, Chomsky permite que a gramática desenvolvida em *Estruturas sintáticas* mantenha a regra sintagmática de formação de SNs extremamente simples – basicamente, SN → Art + N, cf. (13ii). É isso o que Chomsky afirma logo a seguir.

[57] Isto é, a transformação não deve partir de uma estrutura *Art + Adj + N* e dela derivar sentenças com a estrutura de (71); deve fazer o contrário, conforme os argumentos que Chomsky apresenta a seguir.

[58] Note que, embora o verbo *interessar* seja a tradução literal, em português, de "to interest", os dois verbos diferem em uso. Como indicam as observações de Chomsky, o verbo "to interest" [interessar] é normalmente usado *transitivamente* em inglês; assim, "the book will interest" [o livro vai interessar] é agramatical porque não possui objeto direto explícito; mas "the book will interest Mary" [o livro vai interessar Maria]

seria gramatical em inglês. Por outro lado, o verbo correspondente em português, *interessar*, parece admitir uso intransitivo: frases como "Este livro vai interessar" (significando "vai interessar as pessoas em geral") parecem aceitáveis em português.

[59] O advérbio inglês *very* é diferente de sua contraparte portuguesa *muito*. *Very* é usado apenas com adjetivos, cf. "The book is *very* interesting" [o livro é *muito* interessante]); com verbos, usa-se *very much*, cf. "The child is sleeping *very much*" [a criança está dormindo *muito*]. Como se vê pelas traduções, o advérbio *muito* pode ser usado tanto com adjetivos quanto com verbos – mas com sintaxe diferente: costuma preceder adjetivos e seguir verbos.

[60] O termo *by-phrase* é consagrado na literatura linguística para referência ao "sintagma regido pela preposição *by* [por]" correspondente ao sujeito da voz ativa, quando esta é convertida para a passiva. O termo utilizado pela tradição gramatical brasileira é "agente de passiva".

[61] Observe-se que aqui Chomsky já aponta para uma linha de pesquisa que se tornaria determinante na evolução da teoria gramatical subsequente, especialmente a partir do final da década de 1960: a ideia de que as regras transformacionais devem ter seu "poder descritivo" limitado por um conjunto geral de condições sobre as "estruturas derivadas" – isto é, estruturas resultantes da aplicação, a uma estrutura gerada pelas regras sintagmáticas, de uma ou mais regras transformacionais. A busca por "condições sobre transformações" tornou-se central a partir da tese clássica de John R. Ross, *Constraints on Variables* (MIT, 1967). Quanto à condição específica proposta por Chomsky em (77), trata-se de uma precursora da famosa "condição da preservação de estrutura", segundo a qual regras transformacionais não podem criar estruturas que não sejam permitidas pelas regras sintagmáticas. Essa condição veio a ser explorada em profundidade por uma outra tese clássica, a de Joseph Emonds, *Root and Structure-Preserving Transformations* (MIT, 1970).

[62] Observe que as formas em -ing derivadas de verbos aqui discutidas correspondem ora a gerúndios, ora a adjetivos do português. Mas essas duas classes não apresentam similaridade morfológica em português. Isto é, em português, não poderíamos postular que adormecida em (78) é o resultado de aplicar -ndo ao verbo dormir – que é a derivação que Chomsky propõe para o adjetivo sleeping em inglês.

[63] Aqui se trata de exemplificar construções que não são gramaticais em inglês. Por isso, traduzimos em (80i) e (80ii) "sleeping" por dormindo, fazendo com que os exemplos portugueses também sejam inaceitáveis. Mas, se traduzíssemos "sleeping" por adormecida, como em (78), ambas (80i) e (80ii) seriam perfeitamente aceitáveis em português.

[64] Os verbos que aparecem em construções da forma [verbo + partícula], como "bring in" e "drive away", são chamados, na tradição gramatical do inglês, de phrasal verbs. Em tais construções, a "partícula" é, normalmente, uma preposição ou um advérbio com sentido espacial ou direcional, e a combinação como um todo frequentemente adquire significado idiomático, não composicional – isto é, não predizível a partir da combinação dos significados literais do verbo e da partícula. Como os exemplos em (82) mostram, embora os phrasal verbs formem unidades lexicais, tais unidades não são rígidas sintaticamente – a partícula apresenta alguma mobilidade em relação ao verbo.

[65] A sentença correspondente seria aceitável em português brasileiro coloquial, em que as formas retas dos pronomes de 3ª pessoa podem ser usadas para objetos diretos. Obviamente, a sentença seria agramatical com a forma átona –o, pois esta deve prender-se necessariamente ao verbo, isto é, *A polícia trouxe para dentro o). Ou seja, o exemplo em português indica que, com phrasal verbs, os pronomes do inglês apresentam comportamento similar ao dos pronomes oblíquos átonos do português – não podem ficar separados do verbo.

[66] "T^{op}_{sep}" é abreviatura para "transformação opcional de separação" dos elementos que constituem o phrasal verb – isto é, a transformação separa a partícula do verbo.

[67] Isto é, T^{op}_{sep} produz, a partir de (84), a sequência $X - V1 - SN - Prt$.

[68] Como ficará claro pela discussão que segue, a interpretação que Chomsky tem em mente para as sentenças em (103) é aquela em que o constituinte "studying in the library" [estudando na biblioteca] se refere a "the boy" [o garoto] – e não a "John". Portanto, a interpretação pertinente de (103i) significa, aproximadamente, o mesmo que "João conheceu o garoto que está/estava estudando na biblioteca". E, quanto a (103ii), a discussão de Chomsky mostra que ela possui uma interpretação particular, em que significa, aproximadamente, o mesmo que "João encontrou o garoto enquanto este estava estudando na biblioteca". O que Chomsky pretende apontar é o seguinte: observando o comportamento de (103i) e (103ii) com respeito a transformações como a passiva, é possível demonstrar que (103i) não possui uma interpretação – e, portanto, uma estrutura de constituintes – correspondente à leitura de (103ii) que mencionamos neste comentário.

[69] Na verdade, a afirmação de Chomsky, neste ponto, é imprecisa: o que ele trata de demonstrar, na discussão que segue, é exatamente que (103i) e (103ii) *diferem quanto à sua estrutura de constituintes*. O que, provavelmente, Chomsky quis dizer neste ponto é que, *minimamente*, é preciso reconhecer que tanto (103i) e (103ii) possuem a seguinte sequência de constituintes: $SN_1 - Verbo - SN_2 - -ing + SV$. Entretanto, há a questão de saber como a subsequência *-ing + SV* se combina com os demais elementos. O que a discussão de Chomsky a seguir mostra é que (a) com (103i) há apenas um modo de combinação possível, qual seja, aquele em que a subsequência *-ing + SV* é um constituinte interno de SN_2 ; (b) com (103ii), há esta possibilidade, mas também há outra, em que a sequência *Verbo – SN_2 – -ing + SV* é analisada como um caso da construção verbo + complemento.

[70] Ou melhor, *pode ser* um caso da construção verbo + complemento; mas Chomsky acaba de demonstrar que também pode ser, simplesmente, uma estrutura da forma em (106), como a passiva (104ii) mostra. Por-

tanto, *no caso de se tratar de um caso da construção* verbo + complemento, (103ii) é derivada da estrutura subjacente em (107).

[71] Observe-se que o argumento de Chomsky é baseado na premissa de que a transformação passiva possa ser definida em termos puramente estruturais, sem informação funcional ou semântica adicional sobre seus termos. Ou seja, a ideia é que é suficiente que a estrutura subjacente seja analisável como uma sequência *SN – Verbo – SN*. Entretanto, segundo a literatura posterior acerca da construção passiva, é bem provável que informação adicional, de ordem não estrutural, sobre os tipos de verbos e de SNs que os seguem seja pertinente para a regra. Por exemplo, a regra passiva não se aplica a muitos verbos estruturalmente transitivos, mas semanticamente "estativos" (isto é, que denotam estados e não ações): considere-se, por exemplo, "João tinha muito dinheiro/*Muito dinheiro era tido por João" ou "João sabe trigonometria/ *Trigonometria é sabida por João".

[72] O que Chomsky parece ter em mente aqui é a intuição de que "home" seja um elemento cuja presença é exigida pelo verbo "come". De fato, o verbo *vir* em português também é normalmente completado por um constituinte preposicionado: "João veio à festa/ao encontro/para casa etc." Isto é, há argumentos para dizer que "à festa", etc., são *complementos* de *vir*. A diferença entre "John came home" e "João veio para casa" é que "para casa", sendo preposicionado, não pode ser analisado como objeto *direto* em português.

[73] Em outras palavras, podemos tentar estender a estrutura de constituintes subjacente à transformação em questão a outras sentenças gramaticais cuja origem estrutural e cuja análise correspondente não sejam, a princípio, tão claras. Se assim procedendo obtemos o resultado correto – isto é, a sentença gramatical cuja origem era difícil explicar –, não apenas resolvemos um problema empírico como, principalmente, fazemo-lo simplificando a gramática: afinal, não será necessário postular nenhuma regra adicional para tais casos aparentemente proble-

máticos. É esse raciocínio que está por trás da análise da passiva em (104iii) por meio da hipótese de que deriva da estrutura subjacente em (107) – que já é necessária para outros casos, conforme a discussão na seção 7.4.

[74] A sequência "old men and women" é ambígua porque pode significar "homens e mulheres velhos" ou "homens velhos e mulheres"; e a sequência "they are flying planes" é ambígua porque pode significar "eles são aviões que estão voando" ou "eles estão pilotando aviões". Este último exemplo de ambiguidade não pode ser reproduzido facilmente em português, mas o primeiro sim: considere-se, por exemplo, a sequência *professores e alunos inteligentes*: pode significar que tanto os professores quanto os alunos são inteligentes, ou que apenas os alunos o são.

[75] Como se vê, a tradução portuguesa mais direta e natural não apresenta a ambiguidade observada por Chomsky na expressão inglesa: *os caçadores* expressa o agente dos disparos em *disparo dos caçadores*; para expressar o paciente, teria de ser *disparos nos caçadores*. Mas é fácil encontrar casos que atestam ambiguidade similar à de (111) em português. Por exemplo, em "a conquista de Roma", "Roma" pode tanto ser o sujeito de "conquista" ("O Egito foi a mais importante conquista de Roma") ou seu objeto ("Os bárbaros lutaram até conseguir a conquista de Roma").

[76] Chomsky sugere aqui uma análise transformacional das nominalizações – isto é, dos processos derivacionais que criam "substantivos abstratos"a partir de verbos e adjetivos. A análise será desenvolvida logo a seguir, em Lees (1960); e será abandonada pelo próprio Chomsky em "Remarks on nominations" (1970).

[77] Nesse caso, (114) seria *John was being frightened by new methods*, significando "João estava sendo assustado por (meio de) novos métodos".

[78] É preciso lembrar que a publicação de *Estruturas Sintáticas*, em 1957, é o começo de uma revolução no estudo da linguagem e que o

livro foi escrito num período em que os únicos componentes linguísticos satisfatoriamente conhecidos eram a fonologia e a morfologia. Sua contribuição específica era, precisamente, a de demonstrar que também a sintaxe – a estrutura das frases – poderia ser estudada com métodos tão rigorosos quanto os que os estruturalistas aplicavam aos estudos dos fonemas e dos morfemas. Portanto, não chega a surpreender que, em *Estruturas Sintáticas*, Chomsky vocalize, com respeito à semântica, as preocupações de seu ambiente de formação acadêmica. Neste, havia tanto estruturalistas devotados ao desenvolvimento de métodos que minimizassem o "apelo ao significado" na análise linguística, como Zellig Harris, quanto filósofos preocupados com o estatuto ontológico de entidades mentais, como Quine e Putnam. De lá para cá, entretanto, a semântica desenvolveu-se a tal ponto que, embora não haja consenso sobre noções como a de "significado de uma expressão" ou sobre os métodos para descrever e representar os significados, são poucos os *frameworks* de descrição gramatical que não possuem um componente semântico, no mínimo, razoavelmente esquematizado. Do mesmo modo, a literatura semântica especializada oferece hoje em dia um conjunto bastante sofisticado de instrumentos teóricos aplicados a vários domínios da significação linguística. Parece-nos que, hoje, Chomsky não estaria justificado em professar o mesmo ceticismo com a semântica que apresenta no presente capítulo.

[79] *Sinonimity*, em inglês. Isto é, duas expressões são fonemicamente distintas se *não* forem sinônimas: nesse caso, as distinções sonoras que as tornam "foneticamente distintas" *não* são "pertinentes" – não distinguem dois "signos", para usar o termo saussuriano. Ou, inversamente: ainda que foneticamente distintas, duas expressões *não* serão *fonemicamente* distintas se forem "sinônimas".

[80] Na verdade, a discussão sobre a possibilidade de se definir "distintividade fonêmica" de modo independente da noção de significado permaneceu sendo debatida por muito tempo na Linguística.
Entretanto, não apenas a prática dos linguistas como seu modo de con-

ceber o papel das distinções fonológicas no sistema gramatical fizeram de (117i) um dos pilares da teoria linguística contemporânea – contrariamente ao julgamento de Chomsky no presente capítulo.

[81] Em inglês, *tokens* e *types*, respectivamente. O que Chomsky quer dizer – especialmente à luz do que descreve sobre o *pair test* que apresentará na seção 9.2.4 – é que é preciso analisar enunciados realmente ocorrentes, e não perguntar a um falante se duas "palavras" são ou não a mesma – neste último caso, estaríamos invocando "tipos" e, portanto, recorrendo aos julgamentos de significado do falante. E é justamente esse tipo de julgamento que Chomsky quer evitar, no presente capítulo.

[82] Aqui, Chomsky enumera exemplos de palavras que apresentam mais de uma pronúncia, sem qualquer alteração no significado. Exemplos em português seriam "garage" e "garagem", "bergamota" e "vergamota". Trata-se do problema da chamada "variação livre", muito discutido pelos que queriam desenvolver um método de determinar fonemas livre de juízos de significado. Ver Heitner (2005).

[83] São palavras homófonas em vários dialetos do inglês, especialmente nos Estados Unidos.

[84] *Homonimity* em inglês. Isto é, para o problema de decidir se duas expressões são ou não homônimas – se têm a mesma forma, embora não o mesmo significado.

[85] Em inglês, "the pair test". Esse teste foi sugerido por Harris (cf. referência na nota 4 de Chomsky) como um dos métodos controlados por meio dos quais, utilizando-se a técnica da substituição, poder-se-ia demonstrar se os informantes de uma língua identificam um enunciado como uma "repetição" ou como "outro enunciado contrastante". A formulação de Harris é a seguinte:
"Um teste mais exato é possível quando desejamos descobrir se dois enunciados são repetições um do outro, isto é, se são equivalentes em todos os seus segmentos (homônimos): por exemplo, *She's just fainting* [Ela apenas está desmaiando] em oposição a *She's just feigning* [Ela está

apenas se fazendo/fazendo de conta]. Pedimos a dois informantes para pronunciar um para outro esses enunciados várias vezes, dizendo a um informante qual dos enunciados pronunciar e verificando se o outro informante consegue identificá-lo. Se o ouvinte acerta cerca de 50% do tempo, então não há diferença descritiva regular entre os enunciados; se ele acerta perto de 100%, então há" (HARRIS, 1951, p. 32-33).

O leitor deve observar que, em certos dialetos do inglês, o som "t" pode se transformar numa consoante quase inaudível (uma "oclusiva glotal" reduzida), tornando praticamente indistinguíveis os dois enunciados mencionados por Harris.

[86] Em inglês, "distinguishability", palavra derivada de "distinguishable", isto é, *distinguível*.

[87] Em inglês, "distinctness", palavra derivada de "distinct", isto é, *distinto*.

[88] Em inglês, "sameness", de "same" (*igual, mesmo*).

[89] Em inglês, "utterance type".

[90] Em inglês, "in terms of difference of meaning response". Como a nota 6 indica, o trecho é de F. Lounsbury. Esse autor propôs como critério, simplesmente, que se perguntasse ao falante se duas ocorrências tinham ou não o mesmo significado, cf. a nota 5 acima de Chomsky. Portanto, uma tradução adequada para "meaning response" seria "resposta para a pergunta quanto ao significado da expressão". Adotamos no texto uma versão mais curta, elíptica, desta paráfrase: "resposta quanto ao significado".

[91] O ponto de Chomsky é simples: basta reconhecer que o par "bill" e "pill" são "rima completa" – isto é, são idênticos salvo pelo segmento inicial – para concluir que são fonemicamente distintos. Nesse julgamento, obviamente não há componente semântico algum.

[92] Em inglês, "any response to language". Nossa tradução no texto leva em consideração o fato de que, neste capítulo, Chomsky discute que inferências se podem tirar a partir de "respostas comportamentais" –

ou "reações" – dos falantes a "estímulos experimentais" linguísticos, como ocorrências de enunciados sendo reproduzidas várias vezes etc.

[93] Em inglês, "dummy carrier", isto é, "portador vazio" – referência ao papel do auxiliar "do" de ter como única contribuição semântica a informação flexional de tempo.

[94] Tanto a preposição "to" de infinitivo como o auxiliar "do" do inglês não recebem tradução por meio de elementos foneticamente expressos em português. A preposição "to" corresponde, grosseiramente, à marca de infinitivo do verbo inglês, e o auxiliar "do" (no exemplo do texto, expresso por "did") aparece marcando o tempo do passado simples em inglês.

[95] Em inglês, "semantic significance". *Significância*, em português, tende a ser interpretado como "ter importância", e não "ter significado".

[96] Esse trecho deixa claro que é totalmente infundada a acusação de que Chomsky ignorou, simplesmente, o papel do significado na descrição linguística e gramatical. Aqui ele expressa claramente a ideia de que, *embora sejam independentes, há correspondência entre categorias gramaticais e semânticas*. Nesse sentido, *Estruturas Sintáticas* antecipa a maior parte dos modelos gramaticais contemporâneos, em que "sintaxe" e "semântica" são componentes mais ou menos autônomos, mas com princípios de correspondência entre si. Uma das questões correntes é justamente compreender qual o grau de correspondência entre ambos os componentes.

[97] Para lembrar: o morfema *-ing* em inglês marca o gerúndio verbal (como *-ndo* em português); e o morfema *-ly* é formador de advérbios a partir de adjetivos (como *-mente* em português).

[98] Em português, poderíamos pensar em uma sequência como "Mopos cartunam guiraldamente", em que o morfema plural *–s* marca o substantivo, a flexão *–am* marca o verbo, e *–mente*, o advérbio.

[99] Em português, poderíamos ter "Os mopos cartun __ ontem", em que o espaço seria preenchido com uma flexão temporal de passado

(-*aram*, ou –*avam*); e "dê-lhe __ dinheiro", em que o espaço vazio poderia ser preenchido por "o" ou "algum", mas não por um numeral como "dois" (cf. *dê-lhe dois dinheiros).

[100] Tradicionalmente, diz-se que Substantivos, Verbos e Adjetivos são "classes abertas" de palavras – isto é, são potencialmente infinitas, pois sempre é possível criar novos membros pertencentes a essas classes. Já Artigos, Afixos, Preposições etc. – isto é, as classes de palavras ou morfemas "gramaticais" – são "classes fechadas": os falantes não criam novas unidades dessas classes a todo o momento; de fato, novos itens nessas classes podem levar décadas ou séculos para surgirem.

[101] Em inglês: "the notion of grammaticalness cannot be identified with the notion of meaningfulness".

[102] Em inglês, "a kernel of basic sentences".

[103] Em inglês: "we can determine the constituent structure of particular sentences by investigating their behavior under these transformations with alternative constituent analysis".

[104] Temos então o modelo de gramática proposto por Chomsky, que ficou conhecido como modelo transformacional, o modelo *pré-Aspects*:

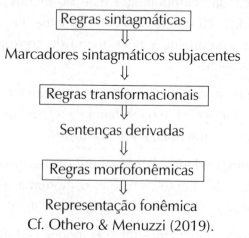

Cf. Othero & Menuzzi (2019).

Referências dos comentários

ABNEY, S. P. *The English noun phrase in its sentential aspect*. Department of Linguistics and Philosophy, Massachusetts Institute of Technology. Tese de Doutorado, 1987.

CHOMSKY, N. Some notes on economy of derivation and representation. In: FREIDIN, R. (ed.) *Principles and Parameters in Comparative Grammar*. Massachusetts: MIT Press, 1991.

CHOMSKY, N. *Barriers*. Cambridge: MIT Press, 1986.

CHOMSKY, N. Remarks on nominalization. In: JACOBS, R. A.; ROSENBAUM, P. S. (eds). *Readings in English transformational grammar*. Waltham, Mass.: Ginn, 1970.

CHOMSKY, N. Aspects of the theory of syntax. Cambridge: The MIT Press, 1965.

CUNHA, C. F.; CINTRA, L. F. L. *Nova Gramática do Português Contemporâneo*. Rio de Janeiro: Nova Fronteira, 1985.

EMONDS, J. *Root and Structure-Preserving Transformations*. Tese de doutorado: Massachusetts: MIT, 1970.

FUKUI, N.; SPEAS, M. Specifiers and projection. In: FUKUI, N.; RAPOPORT, T. R.; SAGEY, E. (orgs). *MIT Working Papers in Linguistics*, vol. 8, MIT, Cambridge, 1986.

HARRIS, Z. S. *Methods in Structural linguistics*. Chicago: The University of Chicago Press, 1951.

HEITNER, R. M. 2005 An odd couple: Chomsky and Quine on reducing the phoneme. *Language Sciences* 27, p. 1-30, 2005.

LASNIK, H. *Syntactic structures revisited: Contemporary lectures on classic transformational theory*. MIT Press, 2000.

LASNIK, H.; DEPIANTE, M.; STEPANOV, A. *Syntactic structures revisited: contemporary lectures on classic transformational theory*. Cambridge, London: MIT Press, 2000.

LEES, R. "Review of Chomsky". *Language*, vol. 33, n. 3, p. 375–408, 1957.

LEES, R. B. The Grammar of English Nominalizations. *International Journal of American Linguistics*, vol. 26, n. 3, 1960.

MIOTO, C. *Negação sentencial no português brasileiro e Teoria da Gramática*. Tese de doutorado. Campinas: Unicamp, 1992.

NEWMEYER, F. J. *Linguistic theory in America: the first quarter-century of transformational generative grammar*. New York: Academic Press, 1980.

OTHERO, G. A.; MENUZZI, S. M. Estruturas sintáticas e a reinvenção da teoria linguística. In: OTHERO, G. A.; KENEDY, E. *Chomsky: a reinvenção da linguística*. São Paulo: Contexto, 2019.

PEREIRA, F. Formal grammar and information theory: together again? In NEVIN, Bruce E.; JOHNSON, Stephen B. *The legacy of Zellig Harris - language and information into the 21st century*. Volume 2: Mathematics and computability of language. Amsterdam / Philadelphia: John Benjamins, 2002.

POLLOCK, J.-Y. Verb movement, UG and the structure of IP. *Linguistic Inquiry*, 20, p. 265-424, 1989.

ROSS, J. R. *Constraints on Variables*. Tese de doutorado. Massachusetts: MIT, 1967.

Referências

BAR-HILLEL, Y. "Logical syntax and semantics". *Language* 30, 1954, p. 230-237.

BLOCH, B. "A set of postulates for phonemic analysis". *Language*, 24, 1948, p. 3-46.

BLOOMFIELD, L. *Language*. Nova York, 1933.

CHOMSKY, N. "Three models for the description of language". I.R.E: *Transactions on Information Theory* – Vol. IT-2: Proceedings of the symposium on information theory, set./1956.

_____. "Semantic considerations in grammar". *Monograph*, n. 8, 1955, p. 141-153.

_____. *Transformational analysis*. University of Pennsylvania, 1955 [Tese de doutorado].

_____. "Systems of syntactic analysis". *Journal of Symbolic Logic*, 18, 1953, p. 242-256.

_____. *The logical structure of linguistic theory* [mimeo.].

CHOMSKY, N.; HALLE, M. & LUKOFF, F. "On accent and juncture in English". *For Roman Jackobson*. Gravenhage, 1956, p. 65-80.

FOWLER, M. Resenha de HARRIS, Z.S. *Methods in structural linguistics*. Chicago, 1952.

GOODMAN, N. "On some differences about meaning". *Analysis*, vol. 13, n. 4, 1953.

_____. *The structure of appearance*. Cambridge, 1951.

_____. "On likeness of meaning". *Analysis*, vol. 10, n. 1, 1949.

HALLE, M. "The strategy of phonemics". *Linguistics Today, Word*, 10, 1954, p. 197-209.

HARRIS, Z.S. "Coocurrence and transformations in linguistic structure". *Language*, 33, 1957, p. 283-240.

_____. "From phoneme to morpheme". *Language*, 31, 1955, p. 190-222.

_____. "Distributional structure". *Linguistics Today, Word*, 10, 1954, p. 146-162.

_____. "Discourse analysis" . *Language*, 28, 1952, p. 1-30.

_____. *Methods in structural linguistics*. Chicago, 1951.

HARWOOD, F.W. "Axiomatic syntax; the construction and evaluation of a syntactic calculus". *Language*, 31, 1955, p. 409-414.

HJELMSLEV, L. *Phenomena to a theory of language*. Baltimore: Indiana University, 1953 [Memoir 7 – Publications in Anthropology and Linguistics].

HOCKETT, C.F. *A manual of phonology*. Baltimore: Indiana University, 1955 [Memoir 11- Publications in Anthropology and Linguistics].

_____. "Two models od grammatical description". *Linguistics Today, Word*, 10. 1954, p. 210-233.

_____. "A formal statement of morphemic analysis". *Studies in Linguistics*, 10, 1952, p. 27-39.

_____. "Problems of morphemic analysis". *Language*, 23, 1947, p. 321-343.

_____. "Two fundamental problems in phonemics". *Studies in Linguistics*, 7(33), 1949.

JAKOBSON, R. "The phonemic and grammatical aspects of language and their interrelation": *Proceedings of the Sixth International Congress of Linguists*. Paris, 1948, p. 5-18.

_____. "Beitrag zur allgemeinen Kasuslehre". *Travaux de Cercle Linguistique de Prague*, 6, 1936, p. 240-288.

JESPERSEN, O. *Language*. Nova York, 1922.

LOUNSBURY, F. "A semantic analysis of the Pawnee kinship usage". *Language*, 32, 1956, p. 158-194.

MANDELBROT, B. "Structure formelle des textes et communication: deux etudes": *Word*, 10, 1957, p. 1-27.

_____. "Simple games of strategy occurring in communication through natural languages". *Transactions of the I.R.E. – Professional Group on Information Theory*, PGIT-3, 1954, p. 124-137.

NIDA, E. *A synopsis of English syntax*. South Pasadona, 1951.

PIKE, K.L. "More on grammatical prerequisites". *Word*, 8, 1952, p. 106-121.

_____. "Grammatical prerequisites to phonemic analysis". *Word*, 3, 1947, p. 155-172.

QUINE, W.V. *From a logical point of view*. Cambridge, 1953.

SHANNON, C.E. & WEAVER, W. *The mathematical theory of communication*. Urbana, 1949.

SIMON, H.A. "On a class of skew distribution functions". *Biometrika*, 42, 1955, p. 425-440.

WELLS, R.S. "Immediate constituents". *Language*, 23, 1947, p. 81-117.

Conecte-se conosco:

facebook.com/editoravozes

@editoravozes

@editora_vozes

youtube.com/editoravozes

+55 24 2233-9033

www.vozes.com.br

Conheça nossas lojas:

www.livrariavozes.com.br

Belo Horizonte – Brasília – Campinas – Cuiabá – Curitiba
Fortaleza – Juiz de Fora – Petrópolis – Recife – São Paulo

EDITORA VOZES LTDA.
Rua Frei Luís, 100 – Centro – Cep 25689-900 – Petrópolis, RJ
Tel.: (24) 2233-9000 – E-mail: vendas@vozes.com.br